责任与风采
——廿五韶华　最忆嘉高

主　编　张益民

副主编　鲁建飞　潘新华　邢　川　沈　瑶

浙江工商大学出版社
ZHEJIANG GONGSHANG UNIVERSITY PRESS
·杭州·

图书在版编目（CIP）数据

责任与风采：廿五韶华　最忆嘉高 / 张益民主编；
鲁建飞等副主编. —杭州：浙江工商大学出版社，
2022.4

ISBN 978-7-5178-4880-6

Ⅰ.①责… Ⅱ.①张… ②鲁… Ⅲ.①嘉兴高级中学
—校友—生平事迹 Ⅳ.① K820.7

中国版本图书馆 CIP 数据核字（2022）第 040964 号

责任与风采——廿五韶华　最忆嘉高

ZENREN YU FENGCAI——NIANWU SHAOHUA　ZUIYI JIAGAO

主　编　张益民　　副主编　鲁建飞　潘新华　邢　川　沈　瑶

责任编辑	王黎明
封面设计	浙信文化
责任校对	穆静雯
责任印制	包建辉
出版发行	浙江工商大学出版社
	（杭州市教工路 198 号　邮政编码 310012）
	（E-mail：zjgsupress@163.com）
	（网址：http://www.zjgsupress.com）
	电话：0571-88904980，88831806（传真）
排　版	杭州市拱墅区冰橘平面设计工作室
印　刷	杭州高腾印务有限公司
开　本	710 mm×1000 mm　1/16
印　张	15
字　数	164 千
版 印 次	2022 年 4 月第 1 版　2022 年 4 月第 1 次印刷
书　号	ISBN 978-7-5178-4880-6
定　价	56.00 元

序

岁月不居，时光如流。转眼间，嘉兴高级中学（以下简称嘉高）即将迎来二十五年华诞。二十五年来，嘉高在徐新泉、张益民两任校长的带领下，秉承"真"的校训，以"德正才优，追求卓越"为育人目标，以"嘉木扬长，高德归真"为教育理念，积极弘扬"爱校奉献，务实责任，科学创新，追求卓越"的嘉高精神，培养输送了一万余名高素质人才。他们中不乏成绩卓著的优秀学者、尽心为民的政界骄子、精忠报国的军人警察、驰骋商场的企业精英、甘为人梯的教育名师，更有无数校友在各自的工作岗位上辛勤耕耘、默默奉献，他们为国家富强、社会发展和人类进步做出了贡献，也为母校赢得了声誉。

风雨同舟，荣辱与共。校友是构建祖国大厦的基石，也是学校的宝贵财富；校友是社会珍贵的人力资源，也是学校最靓丽的名片，是母校桃李不言、下自成蹊的最好注脚。校友进步的光芒凝聚成学校建设的辉煌，校友成就的细流汇集成学校发展的海洋。校友的智慧和汗水，共同铸就了母校的丰碑。他们的业绩和成就让我们倍感欣喜和荣耀，他们恪尽职守、报效国家的精神更是让我们深受感动和鼓舞。校友们身在天涯，情牵母校，为母校发展出谋划策，为母校建设添砖加瓦。他们或回校讲学，传道授业；或捐资助学，慷慨解囊。嘉兴富瑞祥电子有限公司董事长徐加峰校友，在母校设立"嘉高富瑞祥奖学金"；嘉兴融源木业有限公司董事长卢建忠校友，在母校设立"嘉高融源奖学金"；浙江兴舟纸业有限公司董事长卢华平校友及夫人沈小夏校友，在母校设立"嘉高兴舟奖学金"；浙江蓝盾信息技术有限公司董事长莫羽剑校友，在母校设立"嘉高蓝盾奖学金"；浙江中技建设有限公司董事长李惠峰校友，在母校设立"嘉高育才奖学金"。……他们的点滴回馈助推了嘉高稳健发展的脚步，他们的无私奉献扬起了学校理想的风帆，激发了学校"追赶超越千帆竞，勇争朝夕启新程"。

弦歌不辍，薪火相传。借嘉高二十五年华诞之机，我们在众多嘉高学子中撷取了部分优秀校友的精彩事迹，这些校友背后都有着各自的故事；每一个故事背后都有自己的成功；每一份成功都有对母校的难舍恩情……他们是嘉高学子的榜样，是嘉高最生动的"名片"。编著《责任与风采——廿

五韶华 最忆嘉高》一书，就是想弘扬嘉高的优良传统，宣传校友的先进事迹，让嘉高校友的优秀品质成为一道永恒的风景，激励和鞭策嘉高的教职工及新一代嘉高学子以优秀校友为榜样，以实现中华民族伟大复兴为己任，脚踏实地、积极进取，追求真理、不忘初心、砥砺奋进，不负时代，不负韶华，为建设"市内一流、省内知名、多元优质"的新嘉高而共同奋斗！

徐新泉老校长嘱我为《责任与风采——廿五韶华 最忆嘉高》作序，我甚为惶恐。然老校长之深情所托，又不敢推却，权将自己多年来向同事们、向校友们学习过程中的一些感怀记录于此，是为序。

愿嘉高繁荣昌盛！愿嘉高学子在各自的岗位上展翅高翔，万事顺意！

浙江省特级教师

潘新华

嘉兴高级中学副校长

2022 年 1 月 20 日

目　录

不断丰富的嘉高求真文化
（代前言）

  2022 年，嘉兴高级中学（简称嘉高）将要迎来建校二十五周年，二十五年来，嘉高不断地丰富着学校的校园文化。

  文化是一种社会现象，是人们在长期的生产生活中创造形成的产物，同时又是一种历史现象，是社会历史的积淀物。更具体地说，文化就是一群人所共有的价值观念、思维方式以及由此产生的行为体系和物质体系。校园文化也可称学校文化，是一所学校在长期的教育教学实践中积淀和创造出来的，并为学校成员所认同和遵循的价值观体系、行为规范和物化环境风貌的整合和结晶，即价值观念、办学思想、群体意识、行为规范等，也是一所学校办学追求与环境活动的集中体现。

  嘉兴高级中学的校园文化，其核心就是求真，二十五年来在物质文化、制度文化和精神文化各个层面不断地丰富和积淀，为学校建立起了内涵丰富的"嘉高求真文化"形象。

培育真人的立德文化

  二十五年来，嘉兴高级中学坚持高德归真，致力促进每一个学生努力立德而立人，胸有大志不忘初心，陶冶高尚的道德情操，继承中华优秀传统文化使之发扬光大，引导每一位嘉高人实事求是，勤奋务实，老老实实，踏踏实实，守法律懂尊重愿奉献，真诚真情真实会合作，脚踏实地有责任心，不作伪，不弄虚，不作假，养真道德，说真话，办真事，做真人；致力于培育学生的"自尊、自爱、自信、自强"和"自律、自理、自立"意识和自觉，使嘉高人的血脉中永远流淌中华民族的血液，永远牢记南湖红船旁儿女的责任，永远坚定中华文化的自信，永远把社会责任和人类文明作为永恒的担当。

嘉兴高级中学坚持求真，立德树人，德智体美劳全面发展，获评浙江省文明单位、浙江省高中政治学科基地、浙江省高中班主任工作室领衔人学校，人文教育大放异彩。二十多年来坚持"尊重"而立人：尊重是文化，滋润着嘉高人的文明，尊重是品德，提升着嘉高人的素养；尊重人的尊严，营造和谐环境，使人人成为具有现代文明适应现代竞争、能够担当民族复兴大任的时代新人。

嘉高人努力尊重自己，致力于培育无须提醒的自觉。每个人都需要被尊重，而自己尊重自己是基础的基础，是一种为了自由的自我约束，是一种遵守公共规范的自律，尊重自己会使自己赢得尊严，尊重自己会使自己尽显高尚，只有自己尊重了自己，别人才会尊重自己。人的生命只有一次，因此我们既要尊重自己的生命，更要尊重自己生命的意义。在前行的路上，任何问题和困难都不会自动消失，要想不受其扰，唯一的办法是正视它、看清它、化解它、征服它，勇敢地跨过它，使自己的生命既有生活的美好，更有事业的辉煌。

嘉高人努力尊重他人，致力于培育对友善谦逊的敬畏。尊重他人必然会心中有人，必然会平等地待人，必然会真诚地对人，必然会用保护集体和遵守法纪来维护他人的利益。我们尊重的是合法合规的尊严，尊重的是人格的高尚，尊重的是有利于社会、学校和班级的责任，尊重的是有利于他人的美德，尊重的是心中有人、乐于助人的品质，这是一种替别人着想的善良，是一种根植于善良的修养。尊重他人要树立诚实守信的思想，尊人者人尊之，共同建设美好的文明世界。

嘉高人努力尊重自然，致力于培育对人与自然和谐的责任。自然环境是我们人类赖以生存的物质基础，因此我们关注自然，保护环境，保护自然界的一切生命，用宽阔的道德胸襟爱护自然的一草一木，从我做起，从自己身边的小事做起。

嘉高人努力尊重社会，致力于培育敢于担当、强国有我的情愫。人类的共同生活组成了社会，而这社会的共同生活就需要规则，这个规则就是法制，因此我们为了更好地生活，就需要制定和遵守共同的法制，遵守法制是尊重社会的底线；而理解和承担社会责任、实现中华民族伟大复兴的中国梦是更高层次的尊重社会，"天下兴亡，匹夫有责"；同时我们也懂得社会是由一个个社会细胞组成的，因此我们从内心开始尊重身边的班级、学校、家乡，自觉地遵守规则并为之承担责任，奉献自己的力量。

嘉高人努力尊重科学，致力于培育追求真理的笃行。反对迷信，反对邪教，树立科学的思想，努力学习文化知识，努力学习和尊重现代科学，在学习文化和科学的同时，致力于培养对真理的信仰和探求科学的自觉和能力。

嘉高人积极开展红船精神进校园活动、悦读乐读活动、十个百分之一百活动，努力建设班文化、寝室文化，建设荣誉窗、陈列柜、博士廊、名师墙，陶冶嘉高人的高品质素养，努力做一个优雅而高尚的人！

培育真才的乐学文化

二十五年来，嘉兴高级中学坚持嘉木扬长，致力于以学生为中心，把重视人、理解人、尊重人、爱护人、提升人和发展人的思想贯穿于教育教学的全过程、全方位，更关注学生德智体美劳的全面发展，更注重开发和挖掘学生自身的禀赋和潜能，更重视学生自身价值及其实现，更关心学生身体心理的健康，更重视学生终身学习行为的培养，使学生爱学乐学，更自觉地好学勤学，从而不断提高学生的发展能力，促进学生自身特长和潜能的发展与完善。

嘉高人努力发展学生个性特长。在认真按照教学常规全面夯实学生的基础知识基本技能、努力提高学业水平的同时，特别正视学生个性差异，引领和鼓励学生个性特长发展，针对不同个性特长的学生采用不同的教育方法和评价标准，为每一个学生的个性特长发展创造条件；同时在教育中努力创设和营造个性化的教育环境和氛围，搭筑个性化教育平台，承认并尊重学生的特长差异，注重因材施教，为每一位学生个性特长的展示与发展提供平等机会和条件，给学生个性特长的健康发展提供乐于学习的平台空间。

嘉高人充分尊重学生主体。在教学中充分调动并发挥学生主体的能动性，努力做到师生互动、教学相长，"教"始终围绕"学"来开展，以最大限度开启学生的内在潜力与学习动力，使学生由被动的接受性客体变成积极的主动学习的主体，使教育过程真正成为学生自觉自主的活动和自我建构知识的过程。为此，教育过程从传统的以教师为中心、以教材为中心、以课堂为中心转变为以学生为中心、以活动为中心、以实践为中心，倡导自主教育、快乐教育、成功教育和研究性学习等新颖活泼的主体性教育模式，以点燃学生的学习热情，培养学生的学习兴趣和习惯，提高学生的学习能力，使学生积极主动地、生动活泼地、自主地学习和发展，真正成为乐于学习的主体。

嘉高人努力实现由知识教育向创新教育转变。努力培养人的创造力潜能，这是最具有价值的不竭资源，因此教育教学过程应努力培养学生的创造力，努力点燃学生生命活力，教师点拨、启发、引导，学生参与、思维、创新，以提升学生的创造力才能，以创造性的教育教学手段和创新的教育教学艺术来营造教育教学环境，培养学生的创新思维、创新精神、创新能力与创新人格，使学生在享受中乐于学习。

嘉高人不断创造开放的教育。在国家教育方针指导下，在实施好国家课程的基础上，努力追求教育观念、教育方式、教育过程开放，教育资源开放，教育内容开放，教育评价开放，广泛吸取世界一切优秀的教育思想、理论与方法，接轨国际教育，开展国际教育合作，开展数字化信息化教育，课堂教育向实践教育、社会教育拓展，丰富教育资源，建设校本的"嘉高求真课程"，不断丰富学生的发展选择，不断开启学生的心灵世界和创造潜能，不断提升学生的自我发展能力，不断拓展学生的发展空间，使学生在丰富多元的教育教学内容和方式中乐于学习。

嘉木扬长，引领着嘉高人围绕课程与课堂教改，紧扣有效教学和有效方法实践，老师敬业，学生乐学，努力使每一个嘉高人成为有理想、有追求、有思想、有视野、有品德的高尚人，成为有知识、有素养、有专业特长、有创新品质、有问题解决能力的卓越人！

因此，嘉兴高级中学教育精彩纷呈：教学质量持续优异，高考成绩一直位列嘉兴市本级第二、嘉兴市前茅，北京大学等"985""211""双一流"著名高校都有嘉高学子的身影；创新教育硕果累累，学生研究性学习成果连续十多年荣获浙江省一等奖，四十余项学生科研成果获得国家知识产权局颁发的国家专利、国家新型实用专利，学生的研究成果《来自大课堂的报告》《创意在成长》两本书由出版社出版；国际教育走在前列，在 21 世纪初开展校际国际交流的基础上，开办了嘉高中德 DSD 班、嘉高中加班，被评为"嘉兴市教育国际化示范学校"；多元优质扬长发展，嘉高校园自创办来，春有悦读文化节，夏有科技文化节，秋有体育文化节，冬有艺术文化节，几十个学生社团丰富多彩，嘉高机器人俱乐部、嘉高秀苑文学社、嘉高义工社、嘉高汉文化社、嘉高化学社、嘉高魅影社、嘉高辩论队、嘉高篮球队、嘉高足球队、嘉高乒乓球队……学生自主学习，多元发展，硕果累累，《文心秀苑》《足迹》《心语嘉高》优秀作品集由出版社出版，斩获嘉兴市高中生辩论赛银奖、嘉兴市健美操比赛金奖、嘉兴市乒乓球比赛银奖，嘉高足球队、篮球队在浙江省中学生足球、篮球联赛中打入八强，获浙江省中学生书法大赛二等奖、全国青少年机器人大赛一等奖，在全国第四届各省著名高中参加的模拟政协大赛中，嘉高队进入"全国十强"。学生社团在全国、省、市级竞赛中频频获得大奖。

嘉兴高级中学，正以自己的努力，逐步形成"人文科学并举、中西教育兼容、自主创新成长、多元优质发展"的学校特色，提升学生的核心素养，培育新时代的优秀人才。

培育真诚的敬业文化

二十五年来，嘉高人爱岗敬业勤奋学习，在教与学的实践中不断地积淀了嘉高的敬业文化。在校训"真"的引领下，在努力实践"嘉木扬长，高德归真"教育理念的过程中，在致力追求"德正才优，卓越发展"育人目标中，嘉高校园逐步形成了"爱校奉献，务实责任，科学创新，追求卓越"的嘉高精神，深刻影响了一批批嘉高师生的敬业乐学，同时也积极促进嘉高成长为嘉兴市乃至浙江省的优秀学校。

嘉高人爱校奉献。师生愿把青春许学校，甘为盛世做奉献。在嘉高，每一位老师都爱校如家，为托起"晨之朝阳"奉献着青春，为培育"国之栋梁"挥洒着汗水；"教好书是为师之本，育好人是为师之德"。每一位学生热爱嘉高，以校为荣，努力"更"优，为嘉高的荣誉增光添彩，努力于"明天嘉高以我为荣"。爱校奉献，无怨无悔，这是嘉高人的情怀！

嘉高人务实责任。师生铭记校训"真"，致力立德而立人，坚持实事求是，立足本职，脚踏实地把自己的事做好，把别人的事配合好，把学校乃至社会的事担当好。教师以"真"作为自己的立教之本，学生以"真"作为自己的人生追求，用心底里的责任教人求真，用心底里的责任学做真人；教师致力使学生"更"成才，学生努力使自己"更"成功。做一个踏实做事、求真做人、敢于担当、勤勉认真的嘉高人！

嘉高人科学创新。师生在教与学中不断地研究、不断地创新，在尊重教育规律的基础上努力提升学生高水平的学业成绩，培养学生的创造才能和特长才能，让嘉高每个学生在校园都能求真成人、发展特长。因此，嘉高围绕课程、课堂积极开展教研探索，改革创新，创设了"嘉高求真课程""三加强课堂""三心活力课堂"，开展了"创新教育""数理特长""文史特长"等特色教学，精准施教，创造了嘉高的优质教育！坚持科学，努力探索，不断创新，将是嘉高人的不变基因。

嘉高人追求卓越。师生致力于百姓满意的嘉高教育，努力于嘉高教育的辉煌，至今毕业生中，学士万余，硕士千计，博士奔百，留学三百；在学生不断成才的同时，一支由全国先进工作者、浙江省特级教师为代表的优秀师资队伍已经形成；嘉高也正在成为一所高品位校园、高素质队伍、高质量教育、有特色办学的市内一流、省内知名、多元优质的高级中学，逐步形成了教学质量、人文教育、创新教育、国际教育、多元优质的一张张"金名片"。与时俱进，永不止步，再创辉煌，是嘉高人的不懈追求。

培育真实的法治文化

二十五年来，嘉兴高级中学依法治校依法治教，在自觉学习和遵守国家法律法规的同时，努力务实规范，自立规矩。建校伊始就根据国家法律法规和教育规律制定了一整套务实有效的学校管理制度与学生管理制度:《追求卓越——学校管理制度汇编》，共43项制度;《追求卓越——学生管理制度汇编》，共28项制度;并且根据学校需要不断与时俱进不断完善，《嘉兴高级中学党务公开工作实施办法》《中共嘉兴高级中学党员干部联系群众制度》《中共嘉兴高级中学总支部"三会一课"制度》《嘉兴高级中学"三重一大"事项班子集体决策制度》《嘉兴高级中学党总支推行"一员双岗"制度实施方案》《中共嘉兴高级中学总支部廉政制度》《嘉兴高级中学师德建设保障制度》《嘉兴高级中学违反师德惩处办法》《嘉兴高级中学师德激励机制》《嘉兴高级中学师德监督机制》《嘉兴高级中学师德建设工作检查制度》《嘉兴高级中学师德教育制度》《嘉兴高级中学师德考核制度》《嘉兴高级中学印章及使用管理办法》《嘉兴高级中学专业技术职务（岗位）晋升评审推荐办法》《嘉兴高级中学教职工聘任实施方案》；等等，使学校师生办事言行有规有矩，学校重大事项决策有制度，学校分配有制度，师生奖惩有制度，师生评比有制度，因为管理制度是学校发展的"规矩"，没有规矩不成方圆，按"制度办"逐渐成为嘉高人的自觉，成为嘉高人的文化!

二十五年来，嘉兴高级中学正以自己的思考和实践积淀着校园文化，并以此努力陶冶嘉高人做一个德正才优、追求卓越的人，做一个身心健康、善于学习、会解决问题、敢于担当责任和优雅生活的人，在创建新时代特色优质高中的办学中，努力丰富着嘉高求真文化！

廿五韶华，最忆嘉高！

嘉兴高级中学首任党总支书记、校长　徐新泉

2022 年 1 月 8 日

回首廿五来时路
"真"训铭记在心间

■ 张富强

校友简介

张富强，1997 年进入嘉兴高级中学学习，2000 年（首届）嘉兴高级中学毕业，2004 年毕业于杭州师范学院（现杭州师范大学）人文学院中文系汉语言文学教育专业，本科学历，文学学士，公共管理硕士学位（MPA）。2004 年经公务员考试

张富强校友在浙江省委党校学习

入职嘉兴市秀洲区人大常委会办公室，2005 年 8 月，调至嘉兴市人大常委会机关，2015 年 1 月交流至南湖区工作；先后任市人大常委会代表工作委员会议案处副处长、处长，南湖区发改局正科长级干部、副局长，南湖区人民政府建设街道办事

处主任，南湖区科学技术局局长，现为嘉兴市秀洲区人民政府
副区长，多次被评为优秀公务员，获记个人三等功一次。

有些人，有些事，如云烟过眼，转瞬即逝；有些人，有些事，梦里
依稀，影影绰绰；也有些人，还有些事，历久弥新，难以忘怀，如一壶
陈年佳酿，甘醇浓烈，回味绵长。嘉高三年，学校的老师、同学，校园
的景致，课堂的模样，即将二十五年了，还是那样的清晰，好多片段仿
佛就在昨日。可敬的老师，可亲的同学，难忘嘉高的点点滴滴。"嘉木扬
长、高德归真"，"德正才优、卓越发展"，嘉高的教育理念，嘉高的育人
目标，嘉高的校园文化，尤其是嘉高的校训，一个"真"字，沉淀在思
想深处，影响着我的价值追求、行为准则和人生态度。

嘉高建校之初，筚路蓝缕，全校师生坚持从实际出发，立足现实，
苦干实干，既不妄自菲薄，也没有好高骛远，而是一步一个脚印。校舍
建好了，学生培养出来了，社会认可度上去了，稚嫩小苗已枝繁叶茂。
"求真务实"是我们嘉高人的共性特征，"千教万教教人求真，千学万学
学做真人"，"真"字校训，刻骨铭心。"求真"，成为了我的求学态度、
工作态度、生活态度，更成为了我的人生态度。

脚踏实地，真才实学，是我在嘉高培养起的学习态度

嘉高的老师教育我们，学习要重基础，从概念、判断、推理，点滴

学起，积少成多，聚沙成塔，集腋成裘。要"知其然更要知其所以然"，"举一隅而以三隅反"，追本溯源，刨根问底，才能厚实我们的学科根本。早读一天两天没效果，但一天天读着读着，语感就出来了。我到大学后，还每天坚持在学校小花园里读英语，靠着日积月累，大二就考过了大学英语六级（CET6），这也得益于高中就养成的好习惯。薛万霖老师教语文，他常挂嘴边的两句话是"学到用时方恨少""厚积才能薄发"；他启迪我们写作文，说好多同学，一个"小马过河"事例，从小学用起，用到初中，现在高中了还在用，可见，没有积淀就写不出好文章；他给我们讲授文言文，从汉字的造字法讲起，字形、字音、字义、古今之变，然后再到词，再到句子，再到语法，再到运用……可谓"冰山一角"，冰山露出海面一个角，需要海水下面一个大的冰山来支撑。抽丝剥茧、追本溯源地求索，删繁就简、返璞归真地努力，老师们这种重基础、重积累、重养成的教学态度，使我受益匪浅。

参加工作以后，我考取了上海交通大学国际事务与公共管理学院的在职研究生，并获得了公共管理硕士学位（MPA）。我坚持边干边学、学以致用，关注时事政治和宏观经济走势，重在把握实质、指导实践。到经济管理岗位后，利用业余时间，及时获取各类政策文件、领导讲话、工作动态等信息，系统学习了金融税收、行政管理、项目管理、招投标法律法规、行政审批法规政策、产业政策、科技创新等各类行政管理必备知识，熟悉了基层一线经济工作。平时研究问题前，先学习相关法律法规和政策文件，遇到疑难问题及时向领导和专家请教，从而确保所提建议、所做决定科学、正确。比如，在房屋征收工作中，既坚持原则，认真学习征收法律法规，不突破政策底线，坚持"一把尺子量到底"，又能深入调查研究，针对被征收对象的实际困难，把扶贫帮困政策用足用好，以真情换真心，确实为被征收对象解难题，赢得被征收对象的认同和支持，实现结果的"双赢"。

学习是自我修炼、自我提升的过程。学习不能太功利，"无用之学"，有时候却是"大用之学"。也许许多年以后，当年的知识已经逐渐淡忘，但方法、思路与态度，会影响每个人的思维方式和行为准则。我们常说，种瓜得瓜，种豆得豆，但在学习上，有时候却是种瓜得豆，种豆得瓜，很多科学实验就是在这种看似不经意间、非常态时取得的突破。王国维在《人间词话》中说："古今之成大事业、大学问者，罔不经过三种之境界：'昨夜西风凋碧树，独上高楼，望尽天涯路。'此第一境界也。'衣带渐宽终不悔，为伊消得人憔悴。'此第二境界也。'众里寻他千百度，蓦然回首，那人却在，灯火阑珊处。'此第三境界也。"学问三境界，学人共勉之。

脚踏实地，真抓实干，是我在嘉高培养起的工作态度

儿时，跟着父母插秧种田，秧苗要插得"横平竖直"；上学后，老师教写字，要求一笔一画写清楚；到嘉高后，校长和老师们的爱岗敬业、以校为家、事业为上的精神熏陶着我。徐新泉老校长二十年如一日，每天早早站在校门口迎接师生的到来，借住在嘉兴市新塍中学时我们的任课老师与我们同吃同住，不分昼夜地教书育人。杨宁老师的英语

板书一板一眼、系统完整，当年的学生现在成为英语老师，把杨老师的板书作为模板。班主任王学勤老师的严谨、姚培甫老师的睿智，都给我们留下了深刻印象。但行脚下，莫问前程，嘉高老师们给我们树立了榜样。

参加工作后，我坚持"勤"字当先，勤能补拙，做事不拖沓、不扯皮，"今日事今日毕"，追求"案不积卷、事不过夜，马上就办，办就办好"。坚持"压力出效率、压力出能力"的工作理念，做到腿勤、口勤和笔勤，工作积极主动。敢于破难，善于攻坚，牢固树立服务意识、奉献意识和团结协作意识，会办事、办成事。坚持依靠而不依赖，能动而不盲动，巧干而不莽干，到位而不越位，凡事讲程序、讲规则，对人负责、对己负责。统筹抓好日常工作和创新工作，正确处理好"亲力亲为"和调动各方积极性发挥集体力量的关系，"既挂帅又出征"，坚持自己带头干和带着同事一起干。

在嘉兴市南湖区发改局工作时，我负责投资、产业、项目推进、行政审批等各项工作，均能配合主要领导落实区委、区政府相关工作要求，谋划好政府投资项目计划和重点产业项目计划，加强对项目推进的监督检查，强化招投标管理，以项目为抓手助推经济社会高质量发展。在嘉兴市南湖区建设街道工作时，积极争取上级支持，以身作则，团结带领班子成员和全体干部职工，攻坚克难，迎难而上，碰到困难不退缩不扯皮。建设街道的经济社会保持良好发展态势，尤其是中心城区品质提升工作中，街道的拆违治乱、老旧小区和背街小巷改造，城市有机更新、社区阵地建设等都取得积极进展。到嘉兴市南湖区科技局工作后，能自觉根据区委、区政府的工作部署，攻坚"科技赋能"专项行动，在高新企业个数、科技型中小企业个数、高新技术产业增加值占比等各项核心指标方面积极出谋划策，推进争先进位，努力把科技创新的最强变量转化为经济发展的最大增量，所在区获评省级条线先进，所在单位获得年度工作目标责任制考核一等奖等荣誉，个人也多次获得各类表彰奖励。

脚踏实地，真诚待人，是我在嘉高培养起的生活态度

"真诚"是一种人生态度。我们的嘉高老师，恪守"师道尊严"，勇于担责，爱生如子。高中时期，我们嘉高首届学生农村孩子多，离开父母，开始住校生活，老师们从来没有因为我们这群孩子出身农家而看不起我们，反而能体谅和包容我们身上的缺点和不足，看到我们勤奋、俭朴等闪光点。同学病了，老师会带着去看病；同学学习有实际困难了，老师不会数落，不会批评，而是与同学们一起加油，一起克服困难，一起进步，真正做到了"因材施教""有教无类"。很多老师会经常来我们教室坐坐，聊聊家常，还陪同学们一起运动健身。老师们勇于奉献、真诚付出的人生态度深深影响着我。

在生活中，我作风务实，凡事懂得"换位思考"，不求全责备，更不会诿过于人。真心尊重领导，真诚对待下属，发挥各人的长处，努力做到知人善任。长存戒惧心，清醒认识自己，防微杜渐，慎独慎微。热爱每一个岗位和每一个工作过的单位，珍惜履职的每一个"舞台"。

人生需要奋斗，奋斗的人生才精彩，但也要知足常乐，不能好高骛远。我时常拿《三国志·吴书·步骘传》中的一段话自勉："古今贤士大夫所以失名丧身倾家害国者，其由非一也，然要其大归、总其常患，四者而已：急论议一也，争名势二也，重朋党三也，务欲速四也。急论议则伤人，争名势则败友，重朋党则蔽主，务欲速则失德，此四者不除，未有能全也，当世君子能不然者，亦比有之，岂独古人乎？"这四句话虽然有古人之局限，但对于今天我们为人处世仍具有借鉴意义。我始终牢记：要胸怀坦荡，不在背后无端议论人之长短，不去做违背道德良心的事情，不去做不切实际、异想天开的事情，不去做违反客观规律的事情，牢记作为一名公职人员、单位负责人的职责所在，遵纪守法，明荣知耻，以诚待人，敬业奉献。

2020 年，我们嘉高首届学生毕业二十周年聚会，2021 年，我们首届学生大都四十周岁了，"四十不惑"，2022 年，嘉高将迎来建校二十五周年华诞，未来，我们将在"真"字校训的指引下，求真、求实，为祖国继续奋斗二十年！

2022 年 1 月 12 日

嘉木扬长在香江　回归浙里忆嘉高

■ 鲁幸民

校友简介

鲁幸民，1997 年进入嘉兴高级中学学习，2000 年毕业于嘉兴高级中学，2004 年本科毕业于浙江大学建筑工程学院土木系，2012 年获中南财经政法大学工商管理硕士学位，2004 年至 2021 年 2 月在中国海外集团及其下属中国建筑工程（香港）有限公司工作，从事房地产开发及香港地区道路、桥梁等基础设施工程管理，主持过港珠澳大桥香港标段工程的管理工作，获得香港建筑工程多项奖励，出版多部建筑科技著作，2021 年 3 月开始任浙江建设集团旗下华营建筑有限公司营运总监。

鲁幸民校友在任项目经理的港珠澳大桥香港标段观景山隧道通车前留影

　　1997 年的那个夏天开始，很多美好的事情如诗如画地展开在我的记忆里。

中考结束的那段日子，确实无忧无虑，中考成绩出来了，也算是初中学校（新塍镇中学）的第一名。但毕竟太年轻，家庭条件又普通，对升学的事了解非常少，十分懵懂，不知命运之手将推我进哪所高中？那年7月1日我前去参加环镇长跑，庆祝香港回归；开跑前新塍镇中学时任校长朱雪申老师递给我嘉高录取通知书，封面的红色和电视上舞动着的庆祝香港回归的五星红旗、香港特区区旗一样，鲜红夺目；是的，这一天对我们民族来说是件大事，因为中华民族通过努力洗雪百年耻辱，实现香港主权回归；对我个人也是件大事，因为鲜红的通知书代表我即将成为嘉兴高级中学首届学生，开启一段拼搏进取的求学生涯。现在回顾这一天确实是改变我命运的一天。

首届嘉高学生由于新校舍建设没有完成，因此在嘉兴市新塍中学借读，勤奋成了当时嘉高师生最明显的标签，比如，学生上晚自习时老师全程陪同、耐心解答学生问题的情景，至今让我们首届学生终生难忘。最亮丽的风景可能要数寝室熄灯后，每个路灯下都站着同学背书，当然我也算这画面的高频参与者。这种勤奋的习惯延续到了大学，延续到了我的工作中。2005年1月，完成深圳半年的培训实习期，我被中国海外集团派往香港工作。我第一个工作的项目是在香港汀九至深井扩建一段2.6公里的市政公路，我每天会从头走到尾一遍，再从尾走到头一遍，很少坐项目部的班车。在走的过程中观察学习香港工地的实际施工做法，毕竟两地规范不一样，而且大学课本上学的也不同，遇到不明白的就向香港同事甚至一线工人请教。所以很快，我三个月就学会了广东话，同时利用晚上时间，研究图纸和合约。前两年香港很多景点我都没怎么去过，朋友到香港找我玩，我都做不好一个导游，因为我周末也基本上是在工地上或加班或学习的。在别人眼里我很无趣，但我很快乐，因为我做到了短时间内适应工作，另外的收获是和项目上的很多人成了好朋友，了解了他们的所思所想，对今后我自己独立管理项目，打下了坚实的基础。勤奋换来的当然还有黝黑的肤色，因为南方的紫外线强，而且项目地处海边，在海风的吹拂下更容易晒黑。黝黑的肤色也给我带来了免试的资格，当公司领导组织阶段性面试时，看到了我从白净小生变成工人一样黝黑肤色的时候，只说了一句话：小鲁晒得这么黑，肯定没有偷懒，具体问题就不问了，考核通过。好多年过去了，领导也退休了，但这个勤奋获得认可的场景一直记忆犹新。

2007 年 12 月，我就被公司任命为项目经理，用 3 年时间成为项目经理，无论在公司内部还是同届大学同学中，我都算是最快的那批，我相信这是和勤奋分不开的。我初中阶段很懵懂，不知道升学的重要性，父母虽然文化程度不高，但是早早已经在为我升学的事情操心了，而我那时候还是很贪玩，结果是没有通过初中会考考入嘉高。通过中考考入嘉高会多一笔学费，平时省吃俭用的父母偶尔也会唠叨起这笔费用，我不敢告诉他们，当初我本可以不贪玩、再努努力就不用交那笔学费。特别是当高一期末考试物理、数学出现不及格时，我是非常自责的。高一暑假开始我放弃了一切娱乐，总结了学习上的问题，我把学习当成一件快乐的事，一次一次考试在班里排名逐渐靠前，我乐在其中。外在影响力是：我很幸运成为嘉高首届学生，在徐新泉老校长带领下的老师们，像拓荒牛一样努力，陪伴并呵护我们，营造了良好的学习氛围。在我们最争强好胜的年纪，我们挥洒青春最好的地方就是考场。我们的老师个个为人师表，自觉奉献，要获得老师认可最好的礼物就是优异的成绩。我们首届三个班的同学都保持着纯洁的友谊，学习上相互帮助，共同进步，讨论题目可能会面红耳赤，但都不会吝啬自己的见解，真正同窗同学，亦师亦友，难能可贵。后来我工作中的选择和勤奋，很大部分来自嘉高文化的影响。就业地选择千里之外的香港，一方面是因为香港回归那一天我收到了嘉高录取通知书，对香港的印象特别深刻，另一方面是那时受嘉高老师、首届同学的影响，我们不怕创业的苦，我们相信勤奋就能有成就，能在最有挑战的地方做出成绩。

勤奋之外，嘉高的求实求真精神也一直在工作中深深地激励着我成长。我成为项目经理之前，经历过一个管理非常困难的项目。当时项目成本、进度都出现了严重问题，又是包设计工程，我们作为施工单位对设计的管理也是严重不到位。在这最困难的时候，我暗暗告诉自己：当你经历过最困难的项目，那么以后顺利的项目就容易管理了，不要放弃在逆境中成长。我认真总结了香港包设计工作的管理要点，从尊重设计人员专业性开始，把握工作重点，不做表面文章，不好大喜功，每个月认真履行实物工程量指标。后来我作为项目经理负责了 3 个包设计的项目，每个项目都超额完成利润指标，总共给公司贡献利润超过 10 亿港元。就像我的高中生活，当高一的期末考试物理不及格时，我痛定思痛，总结了学习方法和学习效率的问题，相信笨鸟先飞的道理，利用高一暑假自学物理的电学部分，在高二的物理第一次测试就接近满分，重塑了信心。

求实求真除了引导我寻求正确的
工作方法外，在为人处世上也让我受
益匪浅。如上所述我在香港工作的前
两年，喜欢和基层员工打交道，深入
了解香港建筑工人的生活状况。很多
建筑工人是 20 世纪六七十年代移民
来香港的，文化层次普遍不高，而且
建筑工人长期在工地从事高强度的劳
作，很多人身体都患有隐性疾病，所
以经常在工地上发生工伤意外。因

香港特首林郑月娥女士亲临香港建造商
会，与中建高管鲁幸民校友合影

此，我十分重视管理项目安全，会要求安全员耐心和工人讲解清楚各类
规范和要求，晓之以理，动之以情，同时率先在公司开展安全奖励工
作，对安全表现突出的工人进行奖励，而且奖励品必须是超市购物券，
一般建筑工人会把购物券交给太太去超市购买生活用品，这样一家人都
能享受奖励的快乐，那么该工人就会更有动力做好安全保障。另外，我
非常关注项目上的工人生活福利设施，尽量给工人提供凉爽的休息场
所，提供健康的饮食和卫生设施，所谓吃喝拉撒睡无小事，工人可以直
接找我这样的高级管理人员提建议。对于良好的建议，我都会立即实
施，所以我主管的几个项目，经常拿行业协会的金奖。

鲁幸民校友在香港任项目经理期间所获各类奖项

很幸运，1997年被嘉高园丁们作为"嘉木"精心培育，二十五年来母校培植了一批又一批的"嘉木"正在海内外"扬长"绽放。同时勤奋、求实、求真的文化基因，不断提炼、不断传承，不断发展，我们把它融入大学、融入工作、融入生活。我就读的大学——浙江大学有求是精神，和嘉高求真精神高度吻合。无论工作还是生活，总能"行到水穷处，坐看云起时"，无论何时只要不忘勤奋，不忘求实，不忘求真，就能找到解锁的密码。在香港工作的十七年里，勤奋让我尝到了生活的甜美，求实求真让我领略了内心的踏实。今后勤奋求实求真的理念必将继续传承下去，包括对下一代的教育。

有东方明珠之称的香港，高楼林立，但是万丈高楼平地起，靠的是坚实的地基，感恩母校嘉高给我们人生奠定了坚实的基础；再大型的入海船舶，也需要能够躲避风雨的港湾，感恩母校嘉高能继续承载我们的回忆，做我们心中永远的港湾。

廿五韶华，最忆嘉高！

2022年1月20日

在"追求卓越"路上努力着

■ 施祺方

校友简介

施祺方，1997 年进入嘉兴高级中学学习，2000 年嘉兴高级中学毕业。2004 年浙江工业大学本科毕业留校担任政治辅导员，曾在机械学院、学工部、组织部和教育科学与技术学院工作，现任浙江工业大学学工部副部长、学生处副处长、学校就业指导中心主任，是教育部"全国高校毕业生就业能力培训基地"项目负责人、中国高教学会高校学生管理与就业创业工作研究

施祺方校友在校企人才合作论坛主题演讲

分会会员，主持完成浙江省软科学项目、浙江省教育厅科研项目等多项省、厅级课题。获评浙江省大学生"三下乡"社会实践先进个人、浙江工业大学党委"优秀政治辅导员"和"优秀党务工作者"等称号。

古人说："经师易得，人师难遇。"嘉高老师们不仅传授了很多科学文化知识，而且教会了很多为人处世之道。我在嘉高的三年，很荣幸地遇见了"经师"和"人师"。虽然只有短短的三年时间，但在嘉高，爱校奉献、务实责任、科学创新、追求卓越的嘉高精神一直鼓励着我，鼓励我成长为一个知道什么叫"奋斗"、什么叫"努力"、什么叫"有责任感"的中学生。

为学：求真多思、刻苦勤奋

学习之事，一万年太久，只争朝夕！回想嘉高的三年时光，学习占据了绝大部分的时间。严格认真又厚爱真诚的徐新泉老校长、博学多才的语文老师薛万霖、爱岗敬业的数学老师姚培甫、平易近人的班主任杨宁老师（英语）、亦师亦友的班主任陈光瑞老师（生物）、激情飞扬的政治老师潘新华、睿智低调的物理老师余甫林、神采奕奕的化学老师姚建星……因为初中三年就在嘉兴市新塍中学上学，高一借用嘉兴市新塍中学就读的场景记忆犹新；高二第一学期即将结束时搬到嘉兴市区新校舍，徐新泉老校长带领全体老师，时时处处为我们的学习生活奔走、操心，尽快让我们适应新环境，投入学习；步入高三后，一切围着高考运转，和同学们一起拼搏奋斗的日日夜夜，到现在还依稀想起……嘉高尊师、求真、勤奋、多思的学风让我养成了良好的学习习惯。

进入大学后，迅速调整学习节奏和模式，带着高中阶段好的学习习惯、方法，全身心投入各门基础课和专业课的学习。虽然学的是工科专业，凭借自己的语文基础，大一开始参加了学校校报记者团，担任校报学生记者，边学习边体验边写稿，写出的稿件受到了指导老师的好评。大学期间，相继担任班长、年级团总支书记、学院学生会主席、团委副书记等，坚持一手抓学习，不忘大学生的天职；一手抓学生工作，服务同学成长成才。在浙江工业大学工作三年后，考取了本校的研究生，在读研期间，克服种种困难，边工作边学习，严谨治学，研究真问题，按时顺利完成硕士阶段学习，这些都得益于高中阶段养成的学习习惯。

"要给学生一杯水，教师就得有一桶水。"做好老师，是每一个老师应该认真思考和探索的问题，也是我一直的理想和追求。参加工作以后，经常接触到新概念、新任务，面对新形势、新情况，第一时间查阅资料、做好功课，积极开展调查研究和参加业务学习培训。在学校组织部工作期间，养成了学习思考的习惯，在部门领导指导下，在党建育人和培养党建文化方面，善提前思考、肯学习钻研、强业务能力，为提升学校在全省高校党建的影响力方面做出了一定贡献，如作为主要成员，2012 年参与起草全省高校组织工作条例，2013 年参与起草全省高校发展党员和党员教育管理服务工作条例。在浙江工业大学二级学院工作期间，第一时间学习学院治理体系，在党建工作开拓创新、思政工作守正创新等方面强化学习和实践。2020 年初新冠肺炎疫情影响期间，转岗到浙江工业大学学工部（学生处）工作，加快学习和适应，应对新形势下大学生就业工作的新任务、新挑战。

为事：务实责任、追求卓越

久有凌云志，此志可问天。学院和机关综合部门的历练，培养了较强的全面、系统思考问题的能力及较强的全局观念和大局意识，能坚持从推进学校内涵发展的层面，协助领导科学设计、积极谋划工作。凭借对工作的无限热爱，始终满腔热情地投入工作，无论是抓好学风建设、申报教育部项目，还是组织全校毕业典礼、承办全省大学生职业生涯规划大赛，都是朝着更高质量、更加卓越、更有梦想的方向努力奋斗。

在浙江工业大学组织部工作期间，凝练校院党建工作特色，完成校级党建示范点的创建、培育、评审工作，学校 3 个党组织获评全省高校党建工作示范点，数量位列全省高校第一；作为省委党员发展联系点（唯一高校代表），科学制订党员发展工作方案，推行预审制，强化政治标准，把好发展入口关，注重过程监控；加强党建文化载体建设，创造党员作用发挥平台，做好党建研究工作，参与的调研成果获 2013 年度全省组织系统调研成果二等奖；起草撰写文字材料，起草学校党员发展和管理、党建课题管理等制度，完成多份工作资料汇编。受组织指派，2014 年初至 2015 年 5 月，参加省委党的群众路线教育实践活动赴宁波市宁海县督导组（督查组）工作，负责文字起草、综合协调、谈心谈话、材料审核和走访调研等工作，得到省委组织部、活动办的肯定；完成三严三实、群众路线和创先争优等主题教育学校活动办工作，协助完成文稿起草、会议组织、意见征求、问题查找、民主生活会筹备、督导组联系、二级单位协调等工作，其中 2016 年 5 月至 12 月担任学校"两学一做"学习教育协调小组综合组副组长。

2020 年 3 月起到浙江工业大学学工部（学生处）工作后，面对新冠肺炎疫情影响，多措并举，助力毕业生顺利就业。提高站位、全面动员，坚持从国家需要、大学责任的视角认识做好就业工作的极端重要性。帮助毕业生疏导就业焦虑、提振就业信心，重点做好经济困难、学业困难、心理关注对象等群体的就业指导和帮扶；拓宽渠道、加强引导，努力提供充足的就业岗位，构建"线上＋线下"就业推荐立体体系，拓展毕业生就业渠道。强化校企联动，持续推进就业"百千万工程"，依托学校雇主品牌联盟，联系和走访百余家重点合作企业，建立千人 HR 俱乐部，确保联系不断线、推荐不下线、岗位不掉线，为毕业生提供数以万计的招聘岗位，2021 届毕业生和提供的岗位数量比为1 : 58。组织举办线上双选会，将就业工作主战场调整至线上云端，逐步组织杭州高新区、宁波等地重点特色行业企业小规模线下招聘会；以生为本、创新举措，精准服务毕业生个性化需求，开展就业创业指导、就业咨询等服务，加强就业引导和就业帮扶，为毕业生毕业、就业提供更好保障。创新"互联网＋"就业服务，开发"就小萌"智能就业服务机器人，24 小时在线解答问题，上线一个月解答 3000 余条咨询，基本达到问答智能匹配，启动"职业推介所"，点对点帮助毕业生提升简历质量，定向推送经济困难毕业生信息，开通"就业抖音号"，企业入驻开展"内推"，半个月内精准推动毕业生简历 500 余份。强化就业教育，引导毕业生客观认清当前就业形势，强化价值观引导，加强就业政策宣讲，加大基层项目和青年榜样的宣传力度，引导毕业生服务国家战略，到祖国需要的地方、到现代化建设的基层一线建功立业。

2020 年承办全省大学生职业生涯规划大赛，克服时间紧、任务重等诸多困难，作为具体负责人，统筹校内各部门、各学院力量，圆满完成复赛、决赛期间赛务工作，承办工作得到省教育厅领导和兄弟高校同人的一致好评，同时学校参加决赛的 5 个作品全部获一等奖，创学校参赛史上最好成绩。在全校上下努力下，在同事协助下，2021 届毕业生继续深造率达到 41.66%，数据超越了 40% 的双一流高校；《打造"雇主品牌联盟"构建校企地合作"新模式"》入选教育部 2020 届高校毕业生就业创业工作 100 个典型案例；学校入选教育部全国高校毕业生就业能力培训基地（全省仅两所高校）；2 位教师入选教育部高校毕业生就业创业指导委员会（入选数全省领先）。

为人：亦师亦友、感恩同行

工作以来，坚持立德树人根本任务，在"艰苦创业、开拓创新、争创一流"的浙江工业大学"三创"精神指引下，努力成为学生树立理想信念、刻苦学习、奉献祖国的引路人，把学生培养成为德智体美劳全面发展的社会主义建设者和接班人。务实踏实、讲团结奉献，参加工作后，文字材料较多，经常牺牲晚上和双休日的休息时间，加班加点，从不抱怨。学校工作量大面广，个人服务意识很强，得到了学校领导的肯定和二级单位的认同，曾经的领导总结了我给人的最大印象：忠诚忠厚、为人朴实、谦虚随和，工作扎实、踏实，考虑问题全面；从不计较个人得失，服从大局安排，能克服困难。

时刻践行"以学生为中心"理念。马克思说："只能用爱来交换爱。"德国哲学家雅斯贝尔斯说："真正的教育是用一棵树去摇动另一棵树，用一朵云去推动另一朵云，用一个灵魂去唤醒另一个灵魂。"你对学生好，他会感受到。在嘉高我是受到关爱的学生，现在我自己是一名光荣的人民教师了。留校工作后第一个岗位是政治辅导员，从事大学生思想政治教育工作，主要时间花在和大学生们打交道上，关心热爱学生、对学生工作充满感情是我的真实写照。担任年级主任，完整地带了一届近500名学生本科毕业，并且指导学院团委、学生会干部开展工作，努力做好学生党建、学风建设、学生群团、奖惩助贷、文明寝室、社会实践、就业指导服务等工作。印象特别深的是，当时年级里好几位家境贫寒的学生，在自身努力下，已经成家立业，工作稳定，处在事业发展的上升期。组织部工作期间，发挥党建育人作用，引导学生积极向党组织靠拢。任浙江工业大学二级学院党委副书记期间，耐心助人，鼓励学习困难学生通过毕业清考，顺利拿到毕业证书，投身教育事业，在老家中学光荣地成为一名人民教师；热心就业指导，推荐学生高质量就业。此外，坚持讲授入党积极分子和预备党员党课、大学生职业生涯规划和就业指导课程，担任党校教员和班主任。

光阴荏苒廿五载，春华秋实盛世约。回首过往，在嘉高度过了印象深刻的三年，展望未来，我们将继续在校训"真"的指引下，勤奋学习、努力工作，开创更加美好的明天！

今年，母校嘉高将要迎来建校二十五周年了，祝愿母校越办越红火，祝愿恩师们工作顺利身体健康，欢迎学弟学妹们来浙江工业大学学习！

2022 年 1 月 19 日

心留一盏灯，点亮一个人

■ 陈培华

校友简介

陈培华，1997 年进入嘉兴高级中学学习，2000 年嘉兴高级中学毕业，2004 年于湖南大学新闻与传播学院毕业，现供职于浙江日报报业集团，主任记者，任浙报集团嘉兴分社（红船分社、长三角分社）总编辑助理，曾获中国新闻奖一等奖、二等奖，浙江新闻奖一等奖、二等奖等新闻奖项，曾获浙报集团优

陈培华校友在英国培训学习交流

秀员工、浙报先锋等荣誉。

有人说，如果忘掉学校里所学到的每一样东西，那么留下来的就是教育。

如果有人要问，嘉高在我心里留下了什么。我会告诉他，留下了一盏灯。

20多年前，正是嘉高的师长用粉笔和年华点亮我们，留下了求真向善的一盏灯。

灯从此不灭。走出嘉高校门后，我们总会努力去靠近另一朵云，触碰另一棵树，点亮另一个人。

有人说，记者是最适合谈论这个世界的人。大学毕业后，我有幸成了一名记者，记录下这个大时代里无数的小确幸。

20多年来，我行了许多路，见了许多人，听了许多事。然而，遇见的这三个人，我从他们身上看见了嘉高当年在我们心里点亮的那盏灯。

第一个人，名叫姚海根。

我见到这个皮肤黝黑的"农民"时，他正在嘉兴市郊王江泾镇的一片稻田里，光着脚、卷起裤管，麻利地在田间劳作。

与众不同的是，这位老人每次下田总戴着眼镜，不时拿笔在小本子上做记录。

他曾是嘉兴市农科院院长，办公室就在试验田边上，推开窗，他就能看到田里心爱的"孩子"。

内行的人都知道，水稻育种是一门艰苦且高深的学问，能育成一两个得以推广的新品种就已十分了得。

而看上去毫不起眼的姚海根，30 年来却已培育 68 个水稻品种，累计推广种植面积 2.8 亿亩，增产粮食 70 多亿公斤。

"只要育种需要，天涯海角也要去。"姚海根自己都记不清有多少个春节是在海南度过的，而在姚海根担任院长的 18 年间，他以单位为家，回家过夜的日子很少。

从姚海根身上，我懂得了若要向上生长，必须将根扎入泥土。在我心里，嘉高就是这样一所贴地生长的学校。

当年，我们搬进嘉高时，校园周边就是菜地，一垄接着一垄。到现在，因为连接土地，我们遇事心中多了一份温暖的踏实。

第二个人，名叫步鑫生。

我见到这个用一把剪刀"剪开"中国城镇企业改革帷幕的改革先锋时，他阔别家乡 26 年后重回海盐定居。

海盐，步鑫生曾在这里扬名，也曾在这里受挫。1988 年，步鑫生黯然离开故乡。"走南闯北几十年了，总觉得还是这里最亲。"提起家乡，步鑫生桀骜的眼神里，闪过一丝温柔。

只要提及改革两字，镜片后的双眸，顿时明亮起来。他依然穿着多年前自创的"步先生"牌衬衫。

"历史留给我们太多条条框框、清规戒律，总需要一个人去打破。"步鑫生说，当年他就是抱着这样的信念去冲破旧的观念，打破旧的体制。

在步鑫生眼里，实干是改革最好的注脚。磨洋工？改！"上不封顶，下不保底"；粗制滥造？改！"你砸我牌子，我砸你饭碗"……当年步鑫生的这些做法似乎离经叛道，但事实证明行之有效。

"对改革者，要宽容。"岁月的历练，让步鑫生多了一份从容。在他看来，创新改革的氛围很重要，这个社会既要鼓励人创新，也应容许人失败。

从步鑫生身上，我懂了一个鸡蛋若要变成小鸡，就必须由内而外去打破。在我

陈培华校友在英国培训学习交流

记忆中，嘉高当年没给我们预设太多的条框，老师们更愿意点燃一朵火花，而不愿只去装满一盆水。

第三个人，名叫朱丽华。

我见到这位盲人中医师时，她正在用双手奋力为人推拿。

18岁失去光明的朱丽华，依靠自身努力成为嘉兴市首位盲人中医师。几十年来，她累计治疗患者20多万人次；资助贫困学生480人次，捐款金额389万元，带动100多名残疾人就业……

"我把经历当成磨砺，苦难也是一笔财富。"朱丽华始终相信：心中有光，世界不会黑暗。

在朱丽华眼里，仅满足个体的谋生，绝不是生命的意义。1991年，朱丽华开始收徒弟，盲人是她收徒的唯一条件，不但安排吃住，还免费

教授技术。截至目前，共有 100 多人在朱丽华的帮助下走上了就业、创业之路。

朱丽华对自己的抠门出了名。一件白大褂可以穿 10 年，20 多块钱的一双鞋一穿好几年，出门宁愿多转几趟公交也尽量不打车。

帮助别人，朱丽华总是很大方。1991 年，朱丽华从广播中第一次听说"希望工程"，当时月工资只有 58 元的她，拿出了 140 元资助云南两名贫困学生。

"就算遭遇不幸，我依然能用双手掌舵人生航向。"朱丽华语气坚定。

从朱丽华身上，我看到写满豁达与坚毅的人生，总能给人深深的感动。罗曼·罗兰说，世界上只有一种英雄主义，就是看清生活的真相之后依然热爱生活。

当年，嘉高的师长们总教导我们：求真，更要向善。多少年过去了，我想我们与校园内的一草一木一般，悄然积蓄力量，终会换来一树繁花。

越长大，我越明白：只要心留一盏灯，一个人走再远，也不会忘记为什么出发。

有人说，人生不是你取得了什么，而是你经历了什么。如果你进了嘉高，那你就去看，去想，去怀疑，去希望，去梦想。

然后，再去点亮更多的人。

2022 年 1 月 16 日

有一种基因叫作"嘉高精神"

■ 王德明

校友简介

王德明，1997 年进入嘉兴高级中学学习，2000 年嘉兴高级中学毕业，2004 年四川大学本科毕业，2013 年上海交通大学硕士毕业，现任嘉兴市委政法委基层治理指导室主任；17 年的工作经历，最自豪的是在推动嘉兴成为全国市域社会治理现代化试点全省排序第一的城市，并被确定为嘉兴聚力打造的"七张金名片"之一的过程中贡献了绵薄之力。

王德明校友在中央政法委挂职

　　我这个人不善于情感表达，嘴拙，收到徐新泉老校长"最忆嘉高"的征文邀请后，我认真思考了，也着实犹豫了，觉得自己的学习、工作和生活都平淡无奇、毫不吸睛，特别是大部分时间在政法系统工作，好多事儿不便落笔。但是，又觉得嘉高的3年教育对我个人的成长太过重要，嘉高精神就像生物基因一样从根本上影响着我。所以，决定用习惯了的官样文章记录点回忆。

　　在我心中，嘉高是奋斗的起点。记得嘉兴市郊区人民政府当初创办"嘉兴高级中学"，定位就是郊区人民自己的高起点高中。那会儿，老牌的嘉兴一中、秀洲中学等学校已经声名远播。新生的嘉高如何才能不负众望？这是建校之初对所有嘉高师生的严峻拷问。从零开始，义无反顾，奔向一流。我清楚地记得，校长们时常面向做完早操的全场师生，鼓劲打气、喊话加油，让我们千万别被"看不起"。3年里，我们疯狂拼搏，没日没夜地学习，现在回想起来真心觉得那时的自己特别能吃苦。高三下学期，我有幸成为少数几个可以不上课、在自习室完全自主复习的学生。2000年7月，我们终于一炮打响，收获了比预想好得多的高考成绩。从此，嘉高学子不服输、敢拼搏的基因开始传承。

　　嘉高教给我们的不只是成绩，还有人生的信念和方向。从小学到大学，再到在职研究生，没有哪个阶段的教育像嘉高这3年在我成长过程中留下如此深刻的思想、信念、气质上的痕迹。嘉高人有一种共同的特质，集中体现在校训"真"字上。庄子说，"谨守而勿失，是谓反其真"，就是要讲求本源、注重本性。嘉高秉持的正是一种本质教育、本性教育。我相信，身处天南海北、从事不同职业的嘉高学子，都不会迷失真的方向，都能不忘"真"的初心。现在，对嘉高的记忆是碎片化的，但每个片段都温暖我心，不管是寄读嘉兴市新塍中学时期，还是搬入新校区的"工地＋校园"模式。难得回到母校，我总觉得自己仍是孩子，虽然青春不再，但心理上没有岁月的痕迹，正印了那句"归来仍是少年"。

参加工作后，"爱校奉献、务实责任、科学创新、追求卓越"的嘉高精神成了我前进的不懈动力。我搞过广告策划，当过司法警察；在神秘的防范办干过，也在无所不包的社会治理领域遨游；在桐乡的街道挂过职，在北京的中央机关锻炼过。无论再多样的经历，引领我前进的动力是一样的，那就是嘉高精神。作为母校的第一批学生，嘉高精神已深深烙印、融入血液，支撑着我走向一个又一个美好的未来。回顾17年的工作经历，尽管波澜不惊，但处处透着嘉高精神的影响。

——因为嘉高精神，我无惧失败挫折。最终进入了体制内工作的我，本质上更期待自由职业、社会职业。因此，川大毕业后，不顾家人、亲戚要求我考公务员的劝说，毅然投入了社会就业大潮。为了自己的真性情、真想法，我一定要去闯一闯。第一份工作是房地产广告策划，那会儿房地产形势大不如今天，广告需求量大，看着报纸上、电视上、传单上自己的作品连续不断更新，虽然成就感爆棚，但也难免为收入微薄而伤脑筋。在原公司干了1年多，一群志同道合的同事决定单干了，而我正徘徊在参与他们的创业还是考公务员这两条路之间。纠结过后，我决定一起干。很快，公司办起来了，第一个项目顺利进入实施阶段，我作为主策划，经过深入调研后给项目的定位是"成长型企业的发展基地"，深得广告主好评。但这并不意味着永远一帆风顺，市场的残酷才刚刚开始。接了 2 个项目后，公司逐步遇到了人才、资金、竞争、管理等各方面危机，几个初创人员全力以赴，仍挽救不了公司生存不下去的局面。这一次创业，经历差不多 1 年，就宣告失败了。当然，用不着吃后悔药，我相信"一个错误的人生比无所事事的人生更荣耀"。

——因为嘉高精神，我无惧责任风险。2009 年我正式调入防范办，那工作与教师有着异曲同工之妙，都是人类灵魂工程师。不同的是，教师更多地治未病，防范办更多地治已病。终于有一年，我遇上了一个刚出狱并在我们系统最上层都挂了号的重点邪教人员，其父母亲、丈夫、儿子和哥哥都在国外。出狱后，她申请移民与家人团聚。这是一道艰难的选择题，"放"意味有可能她会在境外污蔑我国政府、引发国际舆情，"不放"意味着激怒其倔强的脾气进而在国内疯狂作案，其在境外的父母也可能借机声援造势。

经过深入调查和评估，我最终建议放其出境，并得到批准。我深知这当中的责任和风险，多次赶赴其暂住地 S 市，千方百计要在出国前给她上好思想保险。第一次去，我震惊了，她的住房不堪入目，狭小的空间杂乱无章、昏暗闷热，洗澡用的热水器竟然是她父亲用泡沫盒和一些配件组装的。她说她患有严重的皮肤病，希望在出国前能挣点生活费。我们决定帮她，请了皮肤病专家给她治疗，协调 S 市给她找了个图书管理员的工作。

一来二去，她对我们的信任与日俱增，慢慢地开始谈为什么信邪教、出国后有什么打算等话题了，我们也趁机进行引导。边为她报批移民手续，边进行交朋友式教育，差不多 1 年后，她的转变非常大，对政府的敌意烟消云散。现在，她出去好多年了，从来没有负面消息。事实证明，我们担一点风险，挑一点责任，用真心换真情的决策完全正确，从另一角度看，我们消除了一个重大隐患。

——因为嘉高精神，我无惧差距挑战。2019年，全国性的机构改革迅速推进，我从反邪教条线转任到了综治条线。从专项工作转到无所不包的社会治理工作，对我而言挑战是前所未有的。综治时常被戏称为"百管部"，什么都管。从社会治安到"三治融合"，从综治中心到矛调中心，从社区治理到网格管理，从社会协同到公众参与，从城市大脑到智安小区……业务范围一下子成几何级扩展。综治的主要任务是统筹协调，关键是要对社会领域突出问题的治理拿出既有全局性又有专业性的指导意见，否则会统筹不力、协调不顺。作为处室负责人的我，又是刚入门，自然"压力山大"。好在我懂"一万小时定律"，那时就算是休息，也电脑不离身，有空就打开来研究工作，像极了在嘉高读书时的模式。2020年初，全国市域社会治理现代化试点启动，我随即进入了攻坚克难的战斗状态。时值疫情严峻，到处封路、人心惶惶，给很多工作带来了极大的不便。为了精准把脉全市社会治理情况，不得不顶着疫情走访部门、进村入户开展调研，经过3个月的高强度工作，终于形成了嘉兴市的申报方案。同年5月，嘉兴市被确定为第一批全国试点单位，并在全省排序第一。后来，一位领导赞道，"现在德明是专家了"。

最近一年，我幸运地被推荐到中央政法委机关学习锻炼。初到中央机关，感觉几乎跟刚出校门进入社会时一样，因为工作的范围、视野、方法、要求、流程等与基层有着天壤之别。特别是身边的局长、处长们

个个都是人中龙凤、异常优秀，学历上博士几乎是标配。所以，原以为
到了北京会有很多时间可以看看首都风景、感受北京文化、体验北方饮
食，后来都不得不打消念头。面对巨大挑战，能力不足唯有努力来补。
在加班加班再加班的艰辛努力下，我总算跟得上步伐，在办理中央领导
同志批示件、研究制定全国性政策文件、筹备召开全国性会议等工作中
得到锻炼和肯定。这期间，最大的感受是要转变思维观念，放眼全局、
全国甚至全球，始终牢记"国之大者"；最欣慰的是更加有力地把"三
治融合""三源共治""三微治理"等嘉兴市社会治理经验推向全国；最
自豪的是作为来自党的诞生地的我，在首都北京见证了建党百年这一伟
大时刻。

　　人生得几回，最忆是嘉高。人到中年，是家里的顶梁柱，是单位的
主力军，是朋友的知心人，每一个身份都是沉甸甸的责任。但无论多么
艰难、无论任何挑战，"嘉高首届毕业生"这个充满了回忆和力量的符
号始终伴随我、激励我勇敢担当！

2022 年 1 月 26 日

致敬"灯塔"　共敬青春

■ 曹嘉燕

校友简介

曹嘉燕，1997 年进入嘉兴高
级中学学习，2000 年嘉兴高
级中学毕业，2000 年进入浙
江中医药大学学习，2004 年
大学毕业后留校工作，曾任
二级学院学生工作办公室主

曹嘉燕校友在工作

任、团委书记，研究生毕业于浙江师范大学；2013 年至今，
任职于同济大学浙江学院，现任该校党委宣传部副部长，国家
职业指导师，浙江中医药大学校友总会理事。曾获浙江省暑期
社会实践优秀指导老师，浙江中医药大学优秀共产党员、"三
育人"先进个人、就业工作先进个人、优秀班主任，同济大学
浙江学院抗疫先进个人、优秀教师等荣誉。2014 年至今，在
人民网、光明网、新华网等媒体发表通讯稿逾 150 篇。

　　回眸学习生涯，最让人感怀的是高中时光。究其原因，在嘉兴高级中学，有一批可爱可敬的老师，他们将自己最美好的年华献给了一批又一批学生，如"灯塔"般照亮学生前程。尤是对首届学生的陪伴教育，那是一种朝夕相处，是对问题的"随时在线"，那是一种全身心倾注。那种教育是"千方百计"，而且，这不是一个人这么做，是一群人这么做。在嘉兴高级中学，还有一批共奋斗同甘苦的小伙伴，那时候的我们生活很知足，繁重的学习下，倾巢而出为班内同学的足球赛呐喊助威；看个半小时以内的《新闻联播》或收听个音乐频道就是放松；周末挤出半天时间，逛逛附近的阳光超市就乐在其中。那时候的我们学习很不知足，你追我赶，而且，披星戴月，每个人追逐属于自己心里的那道光都是那么地"全力以赴"。于是乎，一分耕耘，一分收获，我们终于迎来了水滴石穿的那天——毕业时一个不落地上了大学，嘉高办学实现里程碑式的开门红。

　　后来的我们，承袭着这股学习的拼劲和韧劲，以及嘉高教给我们的"真"，步入新的学习岁月和职场、社会历练，奔赴一场又一场人生的大考。

　　大学一毕业就留校工作，一工作就时有先进获评，一有干部任命即位列其中，身边很多人认为，我的机遇一直很好。实则，这都是一次次的有备而获。在此，跟大家分享下在我青春中的三五事。

　　第一件事是 2002 年下半年，我和我的团队临时受命，组织全院运动员参赛。在仅有的一个月时间里，我们布局选拔方案、制订激励政策、优化训练方法。结果甚是喜人，不仅摘去原来的校运会团体"倒数

"第一"的帽子，还直接逆袭跻身前三。而后几年，一鼓作气，第二、第一、成功卫冕。几百名学弟学妹还自发联名上书学院，为这一巨大成功背后的团队鼓与呼。这说明，心中有信念，万事皆可为。我们的工作做出了成效，获得了认可，也做进了大家心里，发掘了不少运动人才，且让全院师生"扬眉吐气"。当然，这也是一次能力考量，为后来的留校奠定了基础。

第二件事是我已回到嘉兴，在同济大学浙江学院工作。2013 年 6 月，曾经带过的2009级学生邀请我回浙江中医药大学，参加他们的毕业典礼，这是他们大学阶段甚至是整个学习生涯中最高光的时刻，我赶去了。当我一只脚刚跨进报告厅的那一刻，全场起立，掌声久久雷动，如此高级别的迎接和致敬，实在是让人百感交集并终生难忘。

曹嘉燕校友在评选大学生作品

那一刻，一切都尽在不言中，我认为这是多年教与学最美的回应画面。也正是在学生一次又一次积极的回应中，更坚定了我一辈子从事教育这份事业，做一位有温度的老师的决心和信心。

第三件事是平时，不时会有学生来办公室问："曹老师，你什么时候给我们开年级会呀？大家最近学习有点松懈、迷茫，又需要你给我们敲打敲打了！""曹老师，接下去的形势与政策课，你给我们上什么内容呢？有点小期待。"听到这样的话，其实是高兴的。因为事实上，很多学生对于开会是排斥的，对于思政课是顺受型的，追着老师要求开会是极少见的，要让他们发自内心地"期待"，那更是难能可贵。而为了对得住他们的这份期待，我会根据他们的需求去选题备课，也会查阅大量的参考资料，然后用心设计，为他们量身打造课程。我认为，开好每一次会，上好每一堂课，这是对学生负责，也是对自己负责，也正因此，更笃实了师生间的信任和默契。

第四件事是不遗余力抓"两业"——毕业、就业。毕业是学习生涯的一个结束，最圆满的结束就是顺利毕业；就业则是"校园人"到"社会人"转变的关键一环，最理想的状态是达成人职匹配。这两件事，关乎的不仅仅是一个人，更是一个家庭，甚至社会稳定。不放弃一人，成全每一人，这是我抓"两业"的态度。抓学业，从大一开始就关注每个学生的学业状态，全程跟踪他们的学业情况，对于学业困难的学生则多倾注精力，必要时提供帮助，甚至请同学、老师帮助"开小灶"。抓就业，就是要求每名学生从大一开始就开展职业生涯规划，并前置就业指导，阶段性引导学生有的放矢地积蓄就业筹码。同时，自己每年跑用人单位看望校友，网上网下征集用人单位的反馈和育人建议。就业当口，则主动做"红娘"，只要学生愿意就业，根据其个人意愿、气质类型和职业能力，保证至少为其牵线成功一家单位的工作。

第五件事是学无止境，始终不忘自身的修炼。在日常工作中，我一直保持自己教练员、裁判员、运动员、研究员等多重身份。凡事多学习多研究多思考多实践，做好领导议事决策的参谋，做好部门工作的规划部署，做好学生的引导教育，尽所能多做锦上添花之事，在逆境中也始终保持容忍力和耐力，且随时准备好应对可能的来自四面八方的"不时之需"或者"临时任务"。此外，自己一直保持笔耕不辍，始终保持每年写稿 100 篇左右。我想，这在很大程度上可以分担同事们的工作，同时也让自己始终保持"知性合一"。

最后，再谈谈"选择"话题，"选择"其实是我们人人、时时都会面临，愿大家能从我的经历中读有所思、思有所悟、悟有所行，睿智面对自己的人生。一谈工作平台的"选择"。人说，一颗石榴籽可有三种结局，如若栽种在花盆中，最多能长到半米多高；如若栽种到缸里，则能长到 1 米多高；如若栽种到庭院空地里，则将长到四五米高；如此看来，个人的格局很重要，平台也很重要。二谈工作之外事情的承担"选择"。实际工作中，在"自扫门前雪"的同时，我们可能会碰到"额外"的工作协助，这样的事情你怎么看？我的做法是有选择性承担，但一旦选择则要有态度，尽己所能做出质量。担任全国大赛的联络员，承担学校升格大学仪式省部级以上领导的接待工作，全面协调省级学科竞赛的会务工作，顶岗同事手术期间的公寓管理工作，参与到教学秘书、工会团拜、组织人事、应急处突以及"大学生就业指导"校级核心组备课等工作，多工种的参加，表面看上去占用时间不少，实则这让个人的综合素养和业务精进不少；而且，所有的历练为我今后各项工作的开展起到了"融通"作用，好似打通了任督二脉。

忆昨天，在我的经历中，深深地烙印着嘉高文化的基因，做真人学真知，勤奋务实敢于担当；看今天，在嘉高即将迎来二十五周年华诞之际，真诚地祝愿母校越办越好！

2022 年 1 月 18 日

专注做好一件事

■ 吴益康

校友简介

吴益康，1997 年 9 月就读于嘉兴高级中学，2000 年 7 月嘉兴
高级中学毕业，2005 年中国医科大学预防医学专业本科毕业，
同年进入嘉兴市疾病预防控制中心工作，从事慢性非传染性疾
病、地方病预防控制和学校卫生等工作。2020 年 2 月任嘉兴
市疾病预防控制中心副主任，现为浙江省营养学会学生营养分
会副主任委员。2012 年、2016 年两次荣获嘉兴市人民政府颁

吴益康校友

发的嘉兴市自然科学学术奖三等奖，2020 年荣获中共嘉兴市委组织部表彰的战"疫"红船先锋共产党员的称号。

嘉高三年的学习和生活经历，记忆最深也是体悟最深的就是"务实"精神，以及在这种精神熏陶下"专注干好一件事"的扎实作风。回顾在嘉高的学习生涯，正是在这种氛围下，让我能专注于学习这件事。工作多年后，我对"专注干好一件事"这样的"务实"精神有了更深的体会，也借此机会与大家一起分享。专注才能专业，我们中的大部分人有了这样的专业性以及专业精神，就足以在这个社会中找到适合自己的位置。

专注意识源自高中校医

嘉高的学习和生活，最大的特点就是专注于学习这一件事，心无旁骛地学习。所以，晚自习时老师一旦进了教室就会连续被同学们请教而无法离开；晚自习结束后，教室熄灯了，我们就买充电手提灯看书，以至于校长最后同意开几间教室让我们继续自习；教室里同学们讨论题目时，争论起来是那么地认真。正因为专注于学习，所以同学们在学习间隙能点一份炒面，晚上偷偷看几眼一场欧锦赛，洗一个冷水澡都成为深深的记忆。工作后才慢慢体会到，专注于学习这件事，就像摄影一样，只有调整焦距，聚焦于焦点，反复练习拍摄大量照片，图像才会清晰美观，这是专注的结果。

在纷繁的事务中找到需要专注去做的那件事

工作了，各种各样的事就会扑面而来，日常工作、重点工作、紧急工作、临时工作，省市考核指标、单位内部考核指标、所在部门考核指标，但人的时间精力总是有限的，这就需要我们找出最重要的工作，专注在一个更小的领域把最重要的事先做好。就比如在慢性病防控工作中，疾病监测和报告质量控制是最基础也是最核心的工作，在前辈工作的基础上，近几年我们应用信息化手段建立了公共卫生信息系统，让医生在诊疗中直接报告法定疾病，不断提高监测质量。嘉兴市的肿瘤登记工作也获得了国际认可，其中世界卫生组织下属国际癌症机构发布的

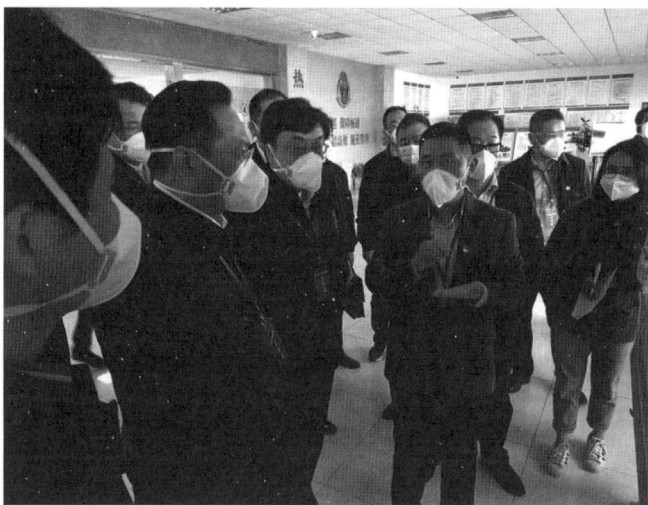

吴益康校友（前右二）在抗疫一线向嘉兴市委书记张兵汇报情况

《五大洲癌症发病率》第 10 卷，全国仅有 12 个登记处数据被收录，浙江省占了 3 个，3 个均来自嘉兴；第 11 卷，全国共有 36 个登记处数据被收录，嘉兴 3 个点又全部入选。

专注于细节和现场

格拉德威尔提出了"一万小时定律"："人们眼中的天才之所以卓越非凡，并非天资超人一等，而是付出了持续不断的努力。一万小时的锤炼是任何人从平凡变成世界级大师的必要条件。"如果每天工作 8 个小时，一周工作 5 天，那么成为一个领域的专家至少需要 5 年。作为一名疾控工作者，专业能力是立身的根本，从政策建议、工作方案、技术标准、基层操作方案到质量控制，疾病防控的每个环节都需要投入大量的时间来研究、分析、实践并持续改进。新冠肺炎疫情发生后，2020 年 3 月我被派往嘉兴大云境外来浙人员临时中转点，牵头负责大云中转点的防疫工作。3 月 5 日下午接到派驻大云中转点的任务，3 月 6 日勘查现场并提出中转点场地分区设置方案、转运和防疫流程，3 月 7 日正式启用大云中转点，当天下午即开始第一批入境人员的转运，至 4 月 1 日中转点停止运行，累计转运全省 11 地市 4527 车次、17318 人。在此期间中转点工作人员新冠病毒零感染，牢牢把住了入浙北大门。作为国内第一个为防控新冠肺炎疫情建立的大型入境人员转运点，从场地设置到防疫措施都没有现成的资料可以借鉴，但箭已在弦上，必须迎难而上。于是我牵头在最短时间内制定了《嘉兴大云境外来浙人员临时中转点防疫工作规范》，对转运点现场工作中 8 个大项、24 项具体工作进行了规范。运行过程中又对现场人员登记、人员防护、场地消杀、废物处置、疑似患者转运、工作人员心理干预等各环节的技术要求进行了完善，并在实际工作中落实各项防疫管控措施。这是一项庞大而复杂的工作，压力巨大，但也让我收获良多。有了日常的专业积累，同时找到关键环节并专注做好这些环节的工作，我们就可以驾驭好这样的复杂工作。

专注于一件事然后等待收获

当这种专注力达到一定程度，并适度地走出舒适区，它可以帮助我们成长。当一个人能够专注于某事，他将接受在成功的道路上必须经历的困难和挑战。在他不断实践的过程中，他的优势在不知不觉中悄然形成。当你一直执着于追求成功时，成功可能反而会离你而去；但当你放下功利，专注于做每一件事，努力把每一件事情做好时，可能收获的季节就离你更近了。

专注干好一件事，这是嘉高给我的基因，也是我事业进取的奥秘！

2022 年 1 月 15 日

二十五个 "求真务实" 的春秋

■ 王进峰

校友简介

王进峰，1997 年 8 月进入嘉兴高级中学学习，2000 年 7 月嘉

高毕业，2004 年 6 月浙江师范大学本科毕业，先后在海盐元

济高级中学、嘉兴高级中学任教，现为嘉兴高级中学年级部主

任。高级教师，全国物理竞赛优秀指导教师，嘉兴市第十三批

王进峰校友荣获嘉兴市教坛新秀

学科带头人，嘉兴市教坛新秀，嘉兴市秀洲区第十六批名师，嘉兴市秀洲区教科研先进个人，嘉兴市秀洲区教文体系统优秀党员，嘉兴市秀洲区教文体系统先进工作者，获嘉兴市高中物理课堂评比二等奖。

嘉高，将要迎来二十五华诞了，我也与嘉高一起经历了二十五个"求真务实"的春秋！

1997 年的夏天，天气特别炎热，我第一次踏进嘉高校门（当时在嘉兴市新塍中学），感觉非常新奇，新的同学，新的老师，新的人生阶段，一开始的时候有点不适应，第一次参加晚自习，教室里人很多，也没有电风扇，更不用说空调了，一节课下来，浑身都湿透了，课间休息的时候走廊上吹吹风，稍微干一点，接下来又回去学习，衣服再次湿透。所以，一度觉得学习太苦太累了。回到寝室里，只有八个高低铺，没有浴室，没有风扇，没有空调，没有洗手间，上厕所要跑到后面一幢楼的公共厕所，条件实在是太艰苦了。但是我们学会了苦中作乐，无论夏天还是冬天，晚上在露天的水龙头下冲凉，那种感觉令人印象无比深刻。周末一般不回家，因为实在不方便，至少要坐三个小时的车，换三辆车，还要走五公里的路才能到家。所以我们一般三个星期才回家一次。在周末的晚上，大家一起坐在树荫下纳凉，有人轻弹吉他，浅吟低唱，欢声笑语不绝于耳。

高二搬到嘉高新校址，也就是现在的嘉兴市洪殷路 341 号后，生活和学习条件好了很多，教室和寝室更加宽敞，有了电扇，寝室洗漱更加方便了。但是由于当时学校在嘉兴市经济开发区，周围都是农田，也没有公交，所以每次回家还是不方便。我要从学校走到嘉兴市中医医院公交站台，坐公交车到火车站，再换公交车到新篁，然后再走很远的路，每次回家至少四个小时。

我们的学习相对来说比较自觉，每次周日我总是很早就到学校，因为学校比较安静，在家里会有各种杂事牵绊，静不下心来学习。到了学校不一样，大家都很自觉，课间可以交流思想，很纯粹。我们的老师都很优秀，教语文的是已经退休的王永平老师，他的普通话特别标准，男中音特别好听；数学老师是姚培甫老师，逻辑严密，字写得非常漂亮；英语老师是沈明海老师，也是我的班主任，对教育的热情让人终生难忘；生物老师是陈光瑞老师，一个非常可爱的老师，喜欢运动，跟我们的关系也特别好。

高中的生活很快过去，高中毕业后去浙江师范大学读了物理学专业，毕业后在海盐元济高级中学工作了七年，2011年回到嘉高母校的怀抱。

从事高中物理教学工作十八年，担任了十六年的班主任，作为一名教师，我倾尽所能，全力以赴，教育好每一个学生，为了一切学生，为了学生的一切；因为选择了教师这个职业，就注定我们的梦想与荣誉都与学生紧紧连在一起。十八年来我带了六届高三，每一届都能为家庭为学校为社会培养优秀的毕业生，输送到大学深造，其中不乏有学生升入浙江大学等名牌大学学习，都逐步成为社会的栋梁之材。回顾这十多年的教育教学生涯，我以"学高为师，身正为范"要求自己，秉承嘉高"嘉木扬长，高德归真"的教育理念，一步一步陪着学生慢慢成长，自己也一起收获。

每一届的学生从高一入学开始，我都要做好一项工作：指导学生快速进入高中阶段的学习和生活节奏。我会手把手教他们如何打扫卫生，明确地面、窗台、走廊、桌椅的要求，亲自示范给他们看，如何才能达到要求，直到大家学会为止。然后严格要求，值日生工作绝对不能打折扣，做事和做人一样，都要认真，所谓世上无难事，只怕有心人，班级的日常行为规范也是一样的要求。正所谓"教不严，师之惰"，学校要求几点到校，我一定在这之前到班级，给学生做好榜样。所以我带的几届学生都是班风正，学风浓，是优秀班集体的常客。从终身发展来看，全面的综合素质非常重要。所以，我越来越觉得教育不仅仅是教会知识，更应该教会一种正确的生活和学习的态度。

每天早上，利用早读的时间，我会倾听每一位同学早上的演讲，主题有"我的梦想""人生规划""做好细节""把事情做到最好"等，通过演讲锻炼学生的表达能力。我会给每个人拍下视频和照片，留下他们写的每一篇稿子。这些都是他们成长的足迹，毕业的时候给他们，弥足珍贵。每个学期还要评比，谁讲得最有激励性，特别好的给个奖状鼓励一下。慢慢地学生会发生改变，变得善于表达，变得有自己的思想和独立的见解。"教育是慢的艺术"，是的，这样的教育不能速成，一点点地进步，一点点地改变，我和他们一起见证。

中午有时候是第二批吃饭，学生静不下心来做作业怎么办？有一天我看到隔壁班级在唱歌，受到这个启发，我让他们学唱歌吧！于是我去收集歌曲，要容易上口的，然后是青春励志的歌曲。于是《年轻的战场》《蝴蝶飞》等歌曲就进入了课堂，利用这十分钟时间唱首歌不是挺好吗？然后学了三天，大概学得差不多了就开始斗歌比赛吧，寝室循环PK赛拉开帷幕，大家都积极参与，热情高涨，歌越唱越好，寝室感情越唱越深，最后的总冠军给个奖状鼓励一下。学生到后面发现自己歌还唱得挺好的，自信心就来了。魏书生老师就经常带领学生唱歌，看来我这样做也确实有道理，艺术也是一种教育，我们全班学生演绎这首歌的时候，大家都欢呼起来，原来唱歌可以这么美。后来有老师说你们今天早点去吃饭吧，但是他们不愿意，因为慢慢地我们喜欢上了唱歌。

身体是学业事业的本钱，如果让学生在高中阶段喜欢一种体育活动，并能坚持锻炼，从而强身健体，那又该是多么好的事情！于是我在每天傍晚下课后，陪着学生自由活动三十分钟再去吃饭，我都想好口号了："每天活动一小时，健康学习一辈子。"我的目标是将他们培养成有强健体魄的学生，所以，在我们班级每个人都要培养一个感兴趣的体育项目，可以是篮球、足球、羽毛球等等。每天都要锻炼身体，热爱体育，热爱生活，才会热爱学习。

虽然我一直鼓励学生锻炼身体，强健体魄，但是偶尔的感冒发烧也在所难免，所以我经常备着一些常用药，以备不时之需。有一次，一位学生晚自习的时候生病了，发烧很厉害。父母都在乡下，也没有汽车，不能及时赶来。值班老师电话打过来，我从被窝里爬起来，赶紧赶到学校送学生去附近的医院看病，挂号、取药、挂点滴，忙完都要12点了，回到寝室安顿好学生后才安心回家。第二天一早到寝室看看烧有没有退掉，每天进教室都要问一声"身体恢复了吗？"，直到痊愈为止。我把学生当成自己的孩子一样看待，学生也把我当成了兄长严父一样，虽然离开了家依然能感受到老师对他们无私的爱。

两年前，我偶然体检，查出身体有点不适，医院做了一个小手术，医生关照要住院十天，但是那几天正是学生马上要高考的冲刺关头，没有班主任在身边，我想他们一定会有所影响，所以住院四天我就回到了学校。在我上完四节课以后，整个人都快要虚脱了，但是陪在学生身边我能感受到他们给予我的力量，这也是一种精神的力量吧。担任班主任期间，家里的事情实在没有多余的时间和精力去管，幸亏家人都很支持我的工作，对于孩子也是内心有愧疚的，每周陪伴的时间很有限。印象特别深的是，高考前的一个月，几乎每天晚上都在学校，不是答疑就是巡视或者值日。儿子也有意见了，因为一个星期都没有和他一起吃一顿晚饭了，但是没有办法，对于一线的高三老师来说，这是职责所在，我们的工作关系着千家万户的希望，绝不敢有任何的松懈。

我不仅在育人方面不遗余力，教学方面也积极学习，努力钻研，取得了可喜的教科研成果，先后在《物理教学》《物理教师》等中学物理核心期刊发表了十几篇论文，获嘉兴市级二等奖以上的论文更多了；主持嘉兴市级课题一项，秀洲区级课题三项，均已经结题；积极研究新课程改革，开发的选修课程传感器在生活中的应用、物理学史与物理方法漫谈获得嘉兴市精品选修课程，深受学生喜欢；参加嘉兴市的高中物理优质课评比，获得二等奖。

当然，我所取得的一点点成绩都是在学校支持下取得的，特别是学校领导给了我很多的关心，求真的学习氛围，良好的育人和治学环境给了我很大的影响。一分耕耘，一分收获，近年来多次获得优秀班主任、嘉兴市第十三批学科带头人、嘉兴市教坛新秀、秀洲区第十六批名师等荣誉，成绩只代表过去，我一直怀着"得天下英才而教之不亦乐乎"的教育理想，怀着对事业的追求，对学生的热爱，对教育的执着，在教书育人的道路上享受着学生成长的快乐。

二十五个春秋，我十分幸运：求学于嘉高，工作于嘉高；未来，我将继续努力，为学子为嘉高"求真务实"而追求卓越！

2022 年 1 月 25 日

不忘初心　终身学习

■ 赵晶晶

校友简介

赵晶晶，1997 年进入嘉兴高级中学学习，2000 年 7 月嘉兴高级中学毕业，同年进入浙江大学医学院学习，在大学期间每年获得优秀学生奖学金。2005 年以优秀毕业生于浙江大学毕业，并进入了美国通用电气（中国）有限公司工作，进入外企 15 年多，先后在飞利浦和联合利华等世界

赵晶晶校友 2021 年受胖鲸智库之邀担任数字营销会议行业分享嘉宾

500 强公司担任市场营销部门要职，目前在联合利华中国有限公司担任中高端美妆和洗护业务的负责人，并任嘉高上海校友会会长。

　　提笔的时候，忽然想到，嘉兴高级中学建校到现在即将二十五周年了，作为嘉高的首届毕业生，也离开嘉高二十多年了，但是所有的一切却又似乎就发生在昨天。在去嘉高之前，我对学习这件事情，应该说还处于似懂非懂阶段。一方面，我不清楚学习对自己的未来到底有何作用，另一方面，也没有一个激发自己学习潜能的环境和机制。我印象最深的是，刚进入嘉高的一场摸底考，彻底把我自信心打垮——班级排名倒数。但是也正是因为这场摸底考，我自己认清了自己的基础以及和同学之间的差距，从而激发了自己的斗志，所以说，这场摸底考是一个非常聪明的设计，也体现了嘉高从一开始就有非常成熟的教学体系。这里我想说的是，这个"学习"的概念其实是一个更加广义的概念，不单单指的是文化课的学习和考试成绩，也包括新的技能，以及对于新生事物快速的认知和应用，最后一点对我日后的工作影响尤为巨大。我自始至终都认为，作为嘉高首届学生，我们非常幸运的是：能和老师们一起成长，一起学习。这点是非常难能可贵的，我想说，正是因为首届老师们，抱着非常开放和谦逊的学习的态度，和我们一起共同成长，也让我们在相对封闭的高中生活，看到了身边的具体的榜样，这对于作为价值观和人生观的重要形成时期的高中阶段来说，是非常有益的。我非常感恩这段特别的经历，感恩我们共同度过这段时光的老师们和同学们。在这段高中三年的时光里，我初步形成了自己"做真人求真 知终身学习"的追求，也形成了自己对于新生事物一直保持开放和谦逊态度的习惯，这些对于我接下来的职业生涯发展起到了非常关键和重要的作用，这个我将会在后面做更加详细的分享。

综观我自己十五年左右的职业生涯发展，我觉得自己走了一条不太寻常的职业生涯的发展道路：品类更换了三次，专业技能更换了两次。这对于很多在我这个年纪的人来说，有点不同寻常。因为更多的人，期望是以线性或者垂直方向发展自己的职业赛道，其实现在回头看，这种固定思维的职场发展轨迹，已经变得越来越不具有竞争力，因为现在复杂的市场和消费者的需求变化，需要越来越多的复合型人才，而不是专才。因此，我这样的复合型的经验反而现在显示了比较强的竞争力。

那么是什么样的意识形态和认知，驱使我做这样的转型呢？

坦白说，在最初的时候，我自己也是一知半解的。在本科毕业的时候，我放弃了硕士导师极力希望我留校继续攻读研究生的机会，而坚持去上海工作。虽然我不知道上海这座大城市对于我意味着什么样的机会和困难，但是头脑中有一个声音一直在不断提醒我：应该去上海看看，去这座中国商业最发达、对外沟通最紧密的城市去。这种"跟随自己的初心"和"follow my heart"的思维习惯，让我做了这样的选择。这样的"敢于追求，敢于担当"的思维习惯，其实一直影响着我。直到现在，每当我在做重要决定的时候，在我分析了所有理性和客观的因素之后，最后起到关键作用的，还是这种"保持初心"的嘉高文化的基因，我会一直反复问自己，这是不是真的是我最想要的？

因为这份初心，我选择了上海，我选择了通用电气公司（GE）。在GE的这段日子里，我顺利地从象牙塔向专业的经理人过渡，特别是自己的思维模式也在不断更新。同时，不断的学习，让我不但迅速掌握了专业业务知识，还掌握了更为重要的沟通技巧。GE是一家了不起的公司，有着非常完整的培训体系，我非常感恩有这么高的一个职业起点，让我能比同龄人可以更快发展。

但是，三年之后，我还是选择离开了 GE，离开了 B2B 这个行业。很多人好奇，问我为什么？我也一直反思自己，为什么当初会做出这样的决定。其实不难理解，还是"保持初心，追求卓越"这份嘉高精神在促使我一直做自己对之有激情的事业。在 GE 的三年中，我逐渐了解了所谓的 B2B 和 B2C 领域的差别，并且逐渐通过学习，更加坚定了自己想投身 B2C 也就是消费品行业的决心，因此毕业三年之后，我义无反顾地离开了 GE。

这也是我人生的第一个行业的转变，我加入了快速消费品行业，而直到现在，我一直工作在消费品行业，当然也有在快速消费品和耐用消费品之间做转换。同时，我也从销售转向了渠道市场，以及最终管理整个品牌的市场营销工作，并且这两年逐步向业务总经理方向发展。

在十多年的市场营销工作中，正好经历了整个消费者购物场景从线下转到线上，现在又转向了所谓的全域营销的新零售。我深刻体会到，在这十多年的消费品发展中，每年都有新的媒体和新的销售渠道的出现，数字化营销工具的迭代更是层出不穷。我们业内人士经常开玩笑说，以前三年离开这个行业，可能会变得陌生，很难再进入，但是现在一年甚至半年离开这个行业，再回来就完全陌生。可见这个消费品行业和数字化媒体发展之快。举个例子，我刚接触电商、接触淘宝的时候，当时非常简单，只要价格低，参加平台活动，流量和销量都肯定有保障。然后发展到后来，有了所谓的电商代运营 TP 的概念，大家都知道要优化流量，从而就有了媒体购买这个产品出现了。直到现在出现了千人千面的媒体形式，也出现了像策略中心这样用大数据来提升品牌电商运营的效率等等。可见在这个过程中，不断涌现的新生事物，就需要我们不断去认识、接受，并且使用它。其中起最大作用的就是我们不断"学习"的能力和激情。这种对于"学习"的热情和思维的重视，就是当时从嘉高开始养成的。逐步从狭义的学习，扩展到了广义的学习。回想，正是这种对于学习的认知，支撑我可以经历那么多变化，始终在职场上保持自己独特的竞争力。

当然，进入职场的学习和学校里的学习肯定不一样。进入职场的学习是更加多元化和丰富的，其中不仅指学习内容的多元化，还包括学习形式的多元化。在职场上，很多时候，哪怕你和人家聊天或者访谈，都能学到非常多的内容和知识，于是我就养成了随身携带笔记本和记笔记的习惯。甚至当我在做品牌营销的时候，每当我出去坐地铁或者逛街，我经常有个习惯，会随时把非常有创意的广告用照片或者视频的形式记录下来，然后和相关的同事或者合作伙伴探讨对方品牌哪些地方做得好，值得我们学习，哪些地方是可以提升的。种种好的习惯的养成，也逐步形成了我对终身学习这个观点的进一步认同和继续实践。

所以我常常一个人反思，反思自己的成长过程中，到底哪一段是最关键的自我意识和价值观养成的阶段。我觉得高中这一个阶段还是非常关键和重要的，我认为我对"兴趣"和"自己想要什么（初心）"萌芽的阶段就在高中。比如说，我开始尝到了"学习成绩好"会给我带来成就感，然后这种成就感来自老师、同学甚至是社会的认可，由此我发现

"被人认可"是我很大的成就感的来源。同时，我看到了不仅是同学，连老师们都在这三年的过程中不断学习和进步；我们看到了老师们不仅获得了教学业务上的成功和进步，并且也在职业发展上获得了很大的进步。这无疑对于我们有很大的激励和促进作用，让我们看到了原来学习真的是可以成就自己，并且给自己带来极大的愉悦。另外很重要的一点是，就是所谓自己的"初心"，这也是一段很奇妙的经历，我自己觉得人生可能一辈子都在找自己的"初心"或者所谓的"快乐源泉"，因此人的"初心"可能会随着这段旅程不断变化，但是这个经历一定是非常值得和有意义的。

最后，我想写给所有还在嘉高学习或者已经毕业的校友，想分享给你们一段话：人生就是一段不断学习，不断挖掘自己潜力的过程，无论多困难，多煎熬，一定要记住，千万不要忘记自己的初心，并且享受当下的努力和付出，我相信每当你回顾自己每一段这样的经历的话，都会觉得非常有价值！

在嘉高虽然只有短短三年时间，但给了我终身追求的文化基因，今年母校嘉高即将迎来建校二十五周年华诞，衷心祝愿母校越来越红火！

2022 年 1 月 17 日

青春有你

■ 车慧强

校友简介

车慧强，1997年9月保送进入嘉兴高级中学学习，成为嘉高首届毕业生；2000年8月考入浙江政法管理干部学院学习（毕业前该校并入杭州商学院，现为浙江工商大学）。2004年通过全国司法资格统一考试，2006年开始律师执业。现为浙江金九鼎律师事务所主任、党支部书记，在律师执业期间于2008年担任嘉兴市法律援助中心志愿者综合服务队队长；2009年被授予浙江省优秀志愿者；2010年担任《嘉兴日

车慧强校友（左一）与民生银行嘉兴分行党建结对签约

报》的《法律问吧》栏目特邀律师；2017 年被聘为嘉兴市银
行业协会人民调解员；2018 年被聘为嘉兴仲裁委员会仲裁员；
2019 年被嘉兴市南湖区评为优秀党务工作者。

1997 年进入嘉高学习是我第一次离开父母独自生活，作为首届嘉高学子，一开始由于嘉高校舍还没建好，只能在嘉兴市新塍中学借读。当时学习、住宿条件还是相当艰苦的，但我们的同学丝毫没有因此放弃对知识的渴求，在"尊师""求真""勤奋""多思"的学风熏陶下，勤奋学习、奋勇进取。

记得刚到嘉兴市新塍中学借读时，每个早晨，学校西门食堂飘香的葱油拌面，那是我记忆中嘉高的美食，带给我们满满的能量；记得当年在嘉兴市新塍中学借读的夏天，晚自习时，会有蝙蝠飞入教室，引起同学阵阵骚动，给紧张学习的我们带来短暂的放松和快乐；也记得在 18 岁成人礼时，徐新泉老校长对我们的谆谆教诲和嘱托：今天我们以嘉高为荣，明天嘉高将以你们为荣！更记得搬入嘉高新校区后初冬的早晨，老师们带领着我们三个班级一百三十来人一起绕着学校外的马路跑步的场景，让我们能有强健的体格迎接高考的冲刺。

在三年的高中学习中，我感受最深的就是嘉高的"勤""真"，这种嘉高精神也一直影响着我后来的学习、工作、生活。作为一个学习法律的人，其实有时候还是很痛苦的，因为你取得大学文凭，并不代表你已取得从事律师、检察官、法官、公证员等工作的职业资格，因为还必须参加号称"天下第一考"的"全国司法资格统一考试",只有通过了这个考试,才有从事以上职业的资格。因为,参加这个司法资格考试,需要将全国所有的法律法规、司法解释烂熟于心,还要理解法律的基本精神、原则及价值取向,做到融会贯通,活学活用,所以,它一方面考的是专业知识,另一方面考的更是学生在学习上的意志力。

很幸运,我在2004年以超过通过线32分的成绩顺利通过了全国司法资格统一考试,开启了我律师执业生涯万里长征的第一步。原本以为通过了司法考试就可以像电视剧《何以笙箫默》中的何以琛律师一样潇洒,然而现实还是残酷的。因为,年轻律师缺乏社会经验、办案经验,任凭你有满身法律知识还是不行的。我还清楚地记得,2006年6月我拿到律师执业证的那晚,我失眠了,失眠是因为兴奋、激动,我这么多年的法律学习终于得到肯定,拿到律师执业证代表着可以正式成为一名律师,可以独立办案,可以担负起家庭、社会的责任,也可以服务、回报社会;失眠的同时也是因为焦虑,因为我要独自面对一个全新的"战场",一切从零开始,一切未知。但是我坚信,融入嘉高人血液的嘉高文化——"勤""真"一定会帮助我克服一个个困难。它让我在做实习律师时,仰望星空、奋力奔跑;在自己独立执业后,不忘初心、奋笔疾书,切实在每一个案件中依法维护当事人的合法权益。

现在作为一名执业将近16年的资深律师,虽然在工作上取得一定成绩,但我一直以"逆水行舟、不进则退"提醒自己。在工作中,我始终认为法律服务应当做到细致入微,这样才能把控有形无形的法律风险;正是怀揣着一颗责任心、真心、专业心,赢得了当事人的肯定。其间，担任了嘉兴各大银行、保险公司、国有公司以及企事业单位的法律顾问；2014 年被中国民生银行杭州分行授予优秀合作律师；2019 年被中国平安集团旗下平安普惠授予"实力王者"奖杯；2020 年 9 月与清华大学签订《维权法律服务委托协议》，为清华大学提供商标维权法律服务。

同时，在担任律师事务所党支部书记后，明确支部党建目标，提出"益言九鼎、党员先行"支部党建品牌建设，并在 2020 年获嘉兴市司法局第二批优秀党建品牌称号；律所党支部先后与中国民生银行嘉兴分行第二党支部进行支部结对共建、与嘉兴市南湖区凤桥镇中学党支部建立"益言九鼎律师公益服务站"，取得良好社会评价。

根据热爱仲裁事业、公道正派、品行高尚、业务专业的筛选原则，2018 年我被聘为嘉兴仲裁委员会仲裁员，从此我既是一名律师，又是一名司法裁判者。在担任商事仲裁员后，先后独任审理或作为合议庭仲裁员审理多起商事争议案件，涉及的案由有买卖合同纠纷、合伙纠纷、承揽合同纠纷、商品房买卖合同纠纷、居间合同纠纷、物业合同纠纷等，在每个审理的案件中均秉承独立、公正、公平的办案原则，为此均取得良好裁判效果。

这世上很多事情可以重来，唯独时光不能倒退。虽然我们宝贵的高中青葱岁月已一去不复返，但嘉高校训的"真"将陪伴我们一生，也将使我们获益一生。愿我们怀着青春的梦想，勇敢拼搏，历经千帆归来仍是少年。任光阴荏苒，最忆还是嘉高！

2022 年 1 月 13 日

还是从前那个少年

■ 吴高宏

校友简介

吴高宏，1997 年 9 月成为嘉兴
高级中学首届学生，2000 年 7
月从嘉兴高级中学毕业，2004
年 6 月于湖南大学法学院毕业，
并入伍成为中国人民武装警察部

吴高宏校友

队浙江省消防总队一名消防军官。2018 年底，以武警中校军
衔、浙江省消防救援总队防火部技术处副处长任上选择自主择
业；任职期间，被评为优秀共产党员，四次荣获三等功。现为
杭州市某国家高新技术企业合伙人。

时间到了 2021 年，首届嘉高学子大都已迈入不惑之年。三十而立、
四十不惑，似乎不适用于现代人；至少，在四十的关口，仍有不少困惑
等待我去找寻答案。

回望二十多年前的那个懵懂少年，再看看镜子中的自己，他们是同一个人吗？组成身体的五十万亿个细胞，早已更替了不知多少轮，这不由得让我想起"忒修斯之船"这个古老的哲学命题。

二十五年前的那个 9 月，稚气未脱的我们迈入校园，被冠予嘉高首届学生的头衔，并被寄予深切的期望。多少个晚自习后，我站在新校园的操场，仰望繁星点点的夜空，想象着无限的未来。

三年时间，沐浴嘉高文化，一千多个日子的埋首苦读后，我们像绚烂的烟花一样，四下散开，进入各自的大学校园和人生轨道。

嘉高，留在了我们各自的记忆中。

2000 年，同样是 9 月，我怀着憧憬和忐忑，离开熟悉的家乡，来到岳麓山脚下继续求学。近乎两年的时间里，我沉浸在一个人的迷茫、痛苦和焦躁中，不能自拔。直到某一天，深夜的广播中传来许巍的音乐，简单的旋律、清澈的声音、温暖的词，一下子击中了我，激活了我"追求卓越"的嘉高基因。那一曲《星空》，让我想起了嘉高操场夜空中的点点繁星和星光下那个少年。像被某颗星点亮了一样，不仅笼罩在身上的迷雾消失了，而且帮我打开了一扇审视自己的窗户，从此人生的底色有了更多的亮彩、更多的温暖、更多的希望。

四年后，面对不确定的未来，我选择入伍，成了一名消防部队的军官，从学生到军人，从基层到机关，不断地面对身份的转变，以及随之而来的挑战。幸运的是，我应对得还不错。一次次来自他人的肯定和鼓励，给予了我莫大的力量。在消防系统的十多年，我见识了人生的苦难哀恸、生离死别，见识了社会的光怪陆离、灯红酒绿，也见识了动人的战友情和人性的光辉。

2018 年，我脱下军装，选择离开体制这座大"围城"，来到自由而又危险的旷野，一个充满更多不确定性的陌生世界。不同于高三那年，尽管面对的都是未知，这一次，我自信而又坚定。

因为，我知道，未来仍有无限可能。只有走出自己的舒适区，多与不同的人接触，和更多有智慧的人产生链接，才能有新的成长和进步，才能体验更加丰富多彩的人生。因为，你永远不知道明年命运会给你什么惊喜，不知道后年会有什么机遇，十年后又会有什么奇迹，在犒劳自己持续不断地努力。

回望过去，嘉高助我成长

这一路岁月，有过困惑，有过纠结，有过煎熬，但每每想起嘉高校园操场上夜空中的星星，想起嘉高求"真"的校训，很多时候不知不觉中问题就迎刃而解了，整个人就豁然开朗了。

这一路岁月，不管在哪里，不管在什么岗位，不管是否职权在身，都秉承"求真""务实"的态度，认真做事，坚守底线，全力以赴。

这一路岁月，我有幸遇见了一个个有趣的灵魂，一群对终身学习抱有执念的人，一群生机勃勃、热爱生活的人。

如果说校长是海岸边的灯塔，给我们传道授业解惑的老师们，就是伴我们而行的海鸟，他们在我耳边，时而轻声低语，时而大声疾呼：不要迷失人生的方向，不要失去冒险的勇气，不要忘记来时的路和曾经的筚路蓝缕。

幸运的是，二十多年来，那个曾经懵懂的少年，驾船离开嘉高这个启航地后，一直努力保持清醒，在茫茫的海面上，小心翼翼地探寻方向，不随波逐流、不迷失自我。因为，我知道，骄傲的嘉高老师们，一直默默注视着我们的脚步。

如今的我，额头上、脸上留下了岁月的痕迹，但还能穿进十八岁时的牛仔裤，内心坦然和笃定，脸上笑容依然干净温暖。

珍惜当下，嘉高给我力量

这力量来源于就读嘉高时种下的种子。这颗种子，由被动的、功利性的学习，慢慢转变成自主的、勤奋的、积极的学习。不知何时，终身学习，已悄然成为我人生的重要支点。

正是得益于阅读，我才知道，世上真正的聪明人没有一个不是每天阅读学习的。正是得益于阅读，我认识了一个个智者，他们通过大量的阅读，完成了对各个学科的学习，成了跨界知识高手。不管取得多大的成就，他们自信而又谦虚，努力而又从容。如查理·芒格一样，年近百岁，依然精神饱满，依然热爱学习。

这些年，我常受惠于这些智者，每天坚持阅读和学习，让自己保持开放心态，让自己坚持务实，对自己的无知保持敏感，倒逼自己去探索、去体验、去发现新的东西。也正是因为学习的积累，我有勇气走出体制，选择主动冒险，去接受一些不确定，来换取生命的丰富体验。因为，在我看来，在这个快速变化的时代，想要"岁月静好"几乎已是不可能的了。正如《爱丽丝梦游仙境》中红桃皇后所说：你只有不停奔跑，才能留在原地。

走出体制后的三年，我被不安全感逼着不停奔跑、不停学习、不断突破。短短三年时间，我从一名商业小白进化成为企业核心管理者，主导重塑公司使命、愿景、价值观，并带领公司实现稳健增长。我不再害怕公开演讲，因为我曾完美地体验过；我不再害怕未知，因为我已学会接受意外带来的不幸或是惊喜。

展望未来，嘉高犹如灯光

英国作家琳达·格拉顿和安德鲁·斯科特合著的《百岁人生》，给我们提供了一个重新审视人生的全新视角。假若我们有幸能享受"百岁人生"，我们度过的将不再是传统的"三段式"人生，而是流动性更强、节奏更快的多段式人生。自我更新和善于接受新事物，将是每个人的首要生存技能，故步自封、害怕改变的人将被时代所抛弃。

但纵使外部环境有很大的不确定性，只要我们把握住自己，不随波逐流，"高德归真"，找到自己生命的质朴状态，就依然能享有一个丰盛的人生。

哲学家说，美好的人生就是一生都在追求美好人生的人生。在我的观念里，美好的人生，就是不虚度光阴，和家人建立起亲密的关系，感受到爱与被爱，去体验幸福。

我始终坚信，只要我们认真对待了时间，拿它做了有意义的事情，时间就不会辜负我们。早晚有一天，以物质的形式、以精神的形式，带给我们回报。

我们生活在无处不在的关系中。关系塑造着自我，影响着我们的所思、所想。因为信奉"教育学就是关系学"，在陪伴女儿成长的过程中，我和她重建了平等、自由的亲子关系。关系好了，她的学习，竟也越来越好。

妻子，也是嘉高的校友，我们高中相识、大学相知、工作相爱，至今一起生活十多年后，越来越觉得，她是我生命中最重要的人，她是我成长、进步的重要动力，帮助我赋予生命以更丰富的意义。

我越来越清楚，人生幸福并不是拼命地追求物质，获取权力，成为人上人。得到幸福有时候远比想象得容易，因为幸福并不是获得一切、应有尽有；幸福是一种主观感受，是每天能够有一点闲暇的时间去感受和触碰，是身心上的愉悦。而我，常常能感受到这一点。

回到刚开始的哲学命题，再看看镜子中的自己，我可以自信地说，我还是从前那个少年。

因为，廿五韶华，最忆嘉高！

2022 年 1 月 20 日

从嘉高开始的追求

■ 钱全兵

校友简介

钱全兵 (曾用名钱兵)，1997 年进入嘉兴高级中学学习，2000 年嘉高毕业，同年以浙江省理科第 58 名的成绩考入北京大学化学系。2004 年北京大学本科毕业后一直从事教育行业，现为中国网教育频道升学规划论坛副理事长、浙江米美教育科技创始人兼 CEO，公司目前主业务是"纷涨涨"高考英语精准教学系统。

钱全兵校友在北京大学校友会和嘉兴市秀洲区政府联合举办的"北大青年校友创新创业高峰论坛"发言

1997 年我进入了嘉兴高级中学学习，我的学号 97001，作为嘉高第一届学生，借读在嘉兴市新塍中学，我的高中生涯在新塍古镇既艰苦又欢乐地开始了！一年多之后才终于正式来到嘉兴市洪殷路 341 号的嘉高校园，我们首届三个班的学生和嘉高的老师们同住校园内，看着嘉高从满是泥泞逐渐到绿茵芬芳。现在还记得当时崭新的教学楼、篮球场、足球场……给我们这群乡下孩子带来了多少欢声笑语！

三年的高中生活有很多很多回忆。那是高一升高二的暑假，当时我自己在家把高二的数学和化学两科预习完了，做完两本习题，那个年代连详细讲解的辅导书都买不到，更别说补课老师了，所以暑假里我在习题书上记录了非常非常多的疑问。高二开学后几乎每天晚上都跑去老师办公室问，直到两个多月后才终于问完。现在想来，老师们每天也都是辛勤劳累的，特别感恩母校有这么一批负责、优秀的好老师。

在北京大学的四年，是不断尝试链接这个社会的四年。从学生状态，到毕业后要进入工作，很多人都会迷茫：未来我到底能做什么？能在这个社会里做好什么样的事情？这一定是很多有抱负的年轻人问过自己、怀疑过自己的问题。而大学，就是最好的、放开手脚任由你去各方尝试的一段自由时间。要找到自己的长项，做一个懂得扬长避短的"真"人，这便是"嘉木扬长、高德归真"的嘉高教育。大学里一边迷茫，一边追寻自己的真性。我从大二开始做家教，一直到在北京的一些大型机构兼职教课，学生家长的赞誉逐渐让我意识到教育这个事儿是我确实可以做得蛮好的！同时，我也一直清楚自己对语言的浓厚兴趣，在北大我选修了日语、现代希腊语，还经常去旁听中文系的研究生课程汉语方言调查。最终在平衡了自己的长项、兴趣和预期经济收入之后，我选择了从一名高考英语辅导老师开始我的职业生涯。

　　工作了几年，慢慢理解学生在英语学习上的痛苦点，于是又有了今天追求的目标。我找来了计算机软件专业的一位嘉高老同学，一起成立了现在的教育科技公司，希望用智能软件的大数据分析，做到针对每一位学生制订出特定的学习路径，再通过软件的数据积累，不断去优化方案，最终帮助学生实现超高效的自主学习。这事说起来简单，做起来就需要非常细致耐心地持续付出，虽然我们已经"小有成就"，但还在奋斗精进的路上。

　　嘉高母校建校二十五周年华诞即将来临，谨以此文告诉母校：我从高中开始一直都在"追求卓越"，祝福母校嘉高发展愈加辉煌！

2022 年 1 月 16 日

"真"是通往成功的捷径

■ 徐　军

校友简介

徐军，1998 年 9 月进入嘉兴高级中学学习，2001 年 7 月嘉高

毕业，2005 年 7 月杭州师范大学公共卫生事业管理专业本科

毕业。先后担任嘉兴市第二医院团委书记、党办主任、门诊部

主任、院党委委员；2020 年担任嘉兴市中心血站党支部书记、

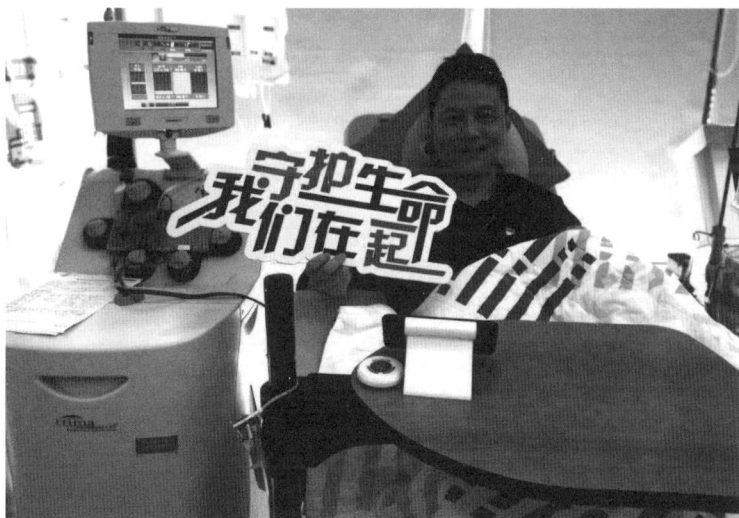

徐军校友在无偿献血

副站长（主持工作），中国输血协会伦理委员会副主任委员、
浙江省输血协会常务理事、嘉兴市血液质控中心主任。曾获得
嘉兴市战"疫"先锋基层党组织书记，嘉兴市卫生健康系统先
进党支部书记、优秀党务工作者、先进工作者，嘉兴市南湖区
优秀党员志愿者等荣誉称号，入选嘉兴市文明办主办的"嘉兴
好人榜"。

　　记忆追溯到 1998 年，那一年我们有幸成为嘉高史上第二届学生。
当时由于区域及政策等因素，绝大多数"嘉高二师兄"都来自嘉兴市
郊区（现在的嘉兴市秀洲区），即使现在我们校友仍把母校亲切地称为
"郊高"（谐音），淳朴、磊落、率真是我们前几届的共同标志。出生在
郊区的我们，人生的"容错"能力非常小，唯有读书才能改变命运，这
是我们这代人的追求、信念和梦想。20 世纪 90 年代嘉兴一中在郊区招
生计划数很少，秀洲中学仅招城区生源，假如没有嘉高的诞生，我们中
很大一部分学生就只能选择普高、中专，更有甚者就只能提前就业了。
所以一直以来，我们无论走多远，无论走多久，都没忘记母校给我们创
造的优秀学习平台，给我们的谆谆教诲，给我们在成长路上打下的扎实
基础。因此我们也在内心深处时刻铭记母校恩情，以身为嘉高人为荣。

　　嘉高的校训是"真"，老校长徐新泉时常教导我们要勤勤恳恳、脚
踏实地、拼搏奋斗，求真务实地做事情；我们也时刻以"求真""责
任""担当"来提醒和雕琢自己人生。我非常推崇一句话"因上努力，

果上随缘"！"真"同时伴随着幸运，是偶然但也有一定的必然性，是通往成功的一条捷径。

我一直认为自己是一个"幸运"之人，至少有三份幸运让我记忆犹新，使我职场生涯前期变得较为顺利。

第一份幸运，成为大学生中共党员。高中是师生们相互鼓励、奋斗、拼搏的三年，记得高三的时候我们老师就跟我们说，成绩优秀的嘉高大师兄们因为在高中阶段养成优良的学习习惯和科学的时间规划，进入大学后学习、生活、兴趣爱好都处理得游刃有余。当时我开始憧憬着五彩斑斓的大学生活，并在高考后制订了详细的大学规划：研究金庸小说，学习电脑编程，强健身体，提升胆量，进入学生会、社团锻炼……大学前三年很快过去，庆幸自己成绩在班级中位以上水平的同时，在院学生会自律部、体育部以及各类社团等"游走"了一圈，组织了各类院级体育赛事、话剧表演、歌咏比赛等活动，还带领 20 个同学开展了勤工俭学，招募公益企业赞助，同时还负责管理全学院 3000 多名学生的晨跑工作（每天早上 5：30 需要起床，寒冬酷暑、风雨无阻）。大学前三年的锻炼，让我比其他同学积累了更多的社会经验，特别是在提升沟通技巧、组织能力和创新思维方面得到了全面提高。综合能力的提升伴随着第一份幸运出现了，当时我所在大学的学生入党，一般以成绩为主要评价标准并经班级推荐产生，班内竞争异常激烈且名额屈指可数。而我却"另辟蹊径"，由于在学生会和社团工作的出色表现，经院团委积极推荐，幸运地成了一名光荣的大学生中共党员。

第二份幸运，顺利进入职场。清楚记得那是 2004 年 10 月 7 日星期四，我大四国庆节后返校的前一天，我没有来得及设计简历，应该说没有任何准备，一时兴起就鼓足勇气用了整整一天时间跑遍嘉兴市直属的四大三甲医院"一院、二院、中医院、妇保院"。第二份幸运出现了，由于我较早地毛遂自荐，且有丰富的学生会工作经历和优秀的思想表现情况等，至少获得了其中三家医院的确认。我大学学的专业是公共卫生事业管理，当时算比较新兴的一个医学专业，大多数医院对这个专业的认识度不够，认可度也不高，但经过初步面试后都表示愿意为我再追加申请一个行政方面的事业编制。半个月后，我就顺利地和嘉兴市第二医院签订了大学生就业协议书，成为全系第一个签订就业协议的学生，当身边同学还在为找工作苦恼的时候，我已经踌躇满志、豪情满怀去熟悉未来的医院工作。这里还有个小插曲，有家医院因申请编制晚了一步，但一直对我"念念不忘"，希望我能选择他们医院，后来我还把我的室友推荐给了他们。

第三份幸运，意外成为团干部。2005 年 3 月为尽早适应医院工作，我提前申请到嘉兴二院实习。同年 6 月结束实习，办公室主任建议我休息 2 个月，因为只有等 8 月份签好正式合同后医院才会发工资，但被我婉言谢绝了，这么好的表现机会和适应工作时间，怎能轻易错过？由于我的坚持和勤奋，短时间内就得到领导和同事们的认可，第三份幸运接踵而来，我意外进入嘉兴二院团委工作。从实习到工作，我比同批工作的人早积累半年的工作经验，因岗位关系，其间积极协助院团委成功开展了几次大型活动。院团委对我的综合能力比较认可，急需充实到团委班子中，于是立即向医院申请计划增补一名团委委员，后经科室推荐、组织考察、团委选举等程序，9 月份我就成了嘉兴二院团委组织委员。又经过半年时间，2006 年 3 月恰逢院团委改选，因团委书记挂职锻炼，我再次幸运成了团委副书记（主持工作），开启了十年团委书记工作。在做好院办公室本职工作的同时，身体力行，加班加点，常利用休息时间带领团干部们组织各种丰富多彩的文体活动，积极开展无偿献血、加入中华骨髓库、关爱孤残儿童、助力贫困家庭等专项献爱心活动，助力医院优秀青年成才工程等，特别是医院的青年成才氛围在此期间取得了显著成果，我们组织网格化联络群，开展每周英语角、夜学读书会、世界咖啡屋等新颖的交流沟通平台，逐渐形成了比学赶超、共同成长成才的良好氛围。2008 年至 2014 年连续培养了四名嘉兴市十大杰出青年，分别是姚明（现嘉兴一院院长）、郑叶平（嘉兴二院护理部主任）、陈刚（现嘉兴二院院长）、傅建明（现嘉兴二院党委委员）。创先争优的竞争环境和良好的成才氛围让医院涌现出了一大批工作勤奋努力、临床技术高超、科研能力出众、服务水平暖心的青年骨干，他们或成为嘉兴的名医，或成为医院中层，或走上院级领导岗位。

2014 年 4 月，在担任团委书记的同时，我竞聘成为医院党委办公室主任。当时根据医院精简行政人员的精神，党委办定编就我一个工作人员，从群众路线、"三严三实"到"两学一做"，工作任务重、要求高，唯有拼搏和奋斗才能高质量完成各项任务，早出晚归，常年无休，一般早上 7 点到单位，晚上 9 点后才能下班，恰逢值班的话则需要 36 个小时以上的时间留在医院。2018 年全省开展深化医疗卫生领域"最多跑一次"改革，这是一项全新的工作任务。作为院党委委员，我调任门诊部后主动请缨全面负责医院"最多跑一次"工作重任，同时负责推进"互联网医院"建设，门诊数字化转型、用血服务不用跑、门诊住院一站式服务等许多创新工作举措在浙江省内推广，取得了可喜的成绩。2020 年 3 月因工作需要，我调任到嘉兴市中心血站工作，在新的工作岗位上我也一直继续秉承求真务实的工作作风，希望能在血液安全和采供血服务上再创佳绩，保障全市人民生命安全和身体健康，用改革创新助力禾城医疗事业高质量发展。

前不久我受邀给全市卫健系统的团干部和青年职工做一个报告，题目是《如何在党的领导和关怀下建功新时代》，就以嘉高的教育理念"嘉木扬长、高德归真"开篇。老子曾说过："修之于身，其德乃真。"无论我们走多远，都不能忘记来时的路。阔别二十一年，母校的栽培之恩深藏于心底，母校的恩泽永生难忘。值此母校二十五周年华诞即将来临之际，我们深深感到如今的母校意气风发，前程似锦，无论过去、现在、将来，它永远是我们心中最温暖的骄傲！举杯共祝母校的明天："历程更辉煌，人才代代强，桃李满天下！"

2022 年 1 月 8 日

键上光影　心行幕后

■ 陈建清

校友简介

陈建清，中共党员，高级工程师。1998 年进入嘉兴高级中学学习，2001 年毕业于嘉兴高级中学，2005 年毕业于温州师范学院计算机学院计算机技术专业，随后就职于浙江中医药大学附属嘉兴市中医医院。现任嘉兴市中医医院信息科科长、信息

陈建清校友（前右一）向国家中医药管理局局长王国强介绍嘉兴中医医院的智慧医院建设情况

化建设办公室主任、首席信息官（CIO），嘉兴市第三批杰出人才第二层次培养人员，全国改善医疗服务先进典型个人。主持参与国家级课题 1 项，省级课题 7 项，市级课题 4 项，获得嘉兴市科技进步三等奖 1 项，浙江省科学技术奖三等奖 1 项，在各类期刊上发表论文 9 篇，申报软件著作权 3 项，申请专利 1 项。

人们习惯歌颂救死扶伤的医生护士们，却很少有人注意到在"幕后"工作，为整个系统运转保驾护航的信息管理工作者们，我便是那其中的一员。而我也愿意站在人们看不见的地方，默默地做着那些无法替代的事。

作为一名土生土长的嘉兴人，24 年前，我带着重重的行李箱和对未来的憧憬来到嘉高；毕业时，我收获的是浓浓的室友情和满满的青春记忆，一切恍如昨日。徐新泉老校长、班主任黄光银老师对我的精业善导，母校"真"字校训，一直是我人生路上的指路灯。三年时光匆匆，但也是一段不可复制的青春。进入大学后我积极参加学生会选举，并成功担任了院学生会办公室主任。领导部门工作，分配任务，协调成员，统筹兼顾，把学生会管理得井井有条。毕业后我回到嘉兴，就职于嘉兴市中医医院，从事了我最热爱的信息管理工作。

信息科是一个医院的信息大脑，这里的工作让原本学习计算机技术的我也有了用武之地，但是，由于大学所学知识与实际工作并不十分契合，即使专业对口，我也花了不少时间适应新的环境。从起先什么都不会，到现在的得心应手、独当一面，我没有停下学习的脚步。"人无我有，人有我优"，只有不断地在工作中寻找创新点，才能不被信息化大浪给埋没。我一直告诉自己：工作是另一种学习，学习不能停，每天都要"求真""多思"，倾尽全力。也许在别人的眼中，信息管理是一项简单的工作，一切都有计算机处理。殊不知，信息管理的工作并不如别人想象中的轻松。信息科任务繁重，工作人员紧缺，忙碌的时候，连续加班，彻夜不眠，通宵工作。信息系统就像是一个医院的血液，时时在更新，无论在哪个不起眼的小地方出了问题，医院都会陷入无法运作的状态。医院的信息系统存储着大量的信息，一旦瘫痪，将会造成不可估计的损失，所以，保持系统的正常运转变得责任重大。

其间，我曾调任嘉兴市卫健委信息办挂职工作6年，担任嘉兴市卫健委智慧健康教育指导中心副主任。后来由于医院的需要，我义无反顾地选择在卫健委、医院两个部门奔跑。十八年如一日，从不抱怨，也从不推卸责任，我喜欢沉浸在数据的海洋，因为在这里看到了我的价值。医生们救人，而我救的是系统。从检查问题到修复系统，通常在几分钟之内就得完成，这无疑也是巨大的挑战，没有电视剧的惊心动魄，没有小说情节的跌宕起伏，但我喜欢并习惯了这样平凡又忙碌的工作。"嘉木扬长，高德归真"，或许这就是我们嘉高人在求真中扬长的情怀吧！

态度决定一切，在工作中我一直以方便患者、服务临床为出发点，着力打造贯通全流程、适用全人群、高效便捷的智慧化就医服务体系，提升居民就医获得感，打造"智慧医疗"的嘉兴样本。实现了多项嘉兴市"互联网＋医疗"服务的首个发布……为嘉兴市中医医院及嘉兴地区医疗信息化事业的蓬勃兴起和持续发展尽了自己的一份力。

在疫情期间，接到上级通知后以最快速度改造发热门诊、隔离病房信息系统，启动信息化支撑计划，利用大数据、远程医疗、"互联网＋"等技术手段精准定位、智能预警，实现预警精准度、规范度升级。建设"嘉兴市新冠肺炎疫情监控平台"，建立医院疫情防控"一卡通"，转型"互联网医院"，建立预警规则数据模型，筑起事前、事中、事后"三早防线"，实施动态追踪管理，实现精准防控和闭环管理。

为构建智慧医院的"最强大脑"，2021年医院启动了新一代信息系统切换工作，此次信息系统升级改造，历时73天，比预计的耗时6个月上线整整减少3个多月。前期为保障如此庞大、复杂的系统整体顺利上线，我们挂图作战、倒排时间表，严格推进每一项工作，陆续更换全院电脑250余台，更换显示器60台，更换固态硬盘50余个，上架服务器13台，虚拟服务器近百台，启用新模块近百个，对接接口数百个，完成系统联调5次，整改需求1800余条……只为确保切换过程万无一失。岗位上需要兢兢业业，业务上更需要精益求精，母校"求真求实"的校风我时刻记在心里，对于工作中的每一件事情，不论大小，我都愿意倾注全心、不遗余力。也正是这样，一件件大事、小事在我的手中都有了完美的结局。

耐得住寂寞，才能内心欢喜；经得起平淡，才能成就人生精彩。风花雪月的氤氲终究敌不过云淡风轻的宁静，但只要内心留有一片净土，到哪儿都充满旖旎风光。每个人都是这茫茫尘世中的一叶浮萍，是随波逐流、无根无定，抑或是浪海沉浮、惊天动地，这都不是我坚守的信仰。铅华洗尽后的平淡，便是成家立业后的生活和烟火，或许失去了很多机会，但却拥有天伦之乐，能守护我的家人，坚守在自己热爱的工作岗位，心有所期，离去的都是风景，留下的才是人生，这便足矣！

除了我的小家庭，在这里我还有一个温暖的大家庭，那就是嘉高。如同热爱自己的小家庭一样，我对嘉高也充满了眷恋。每次谈到母校，我总有说不尽的话，诉不尽的情。我曾带着自己孩子走进母校，让他们感受校园文化，从曾经住过的宿舍楼、走过的林荫小路，到洒满汗水的篮球场。目之所及，皆是回忆，回得去的是校园，回不去的是青春。"一池清景柳与水，三载春风苦与甘"，那些遗落在青春长河的往事，在踏进校门的那一刻重新被点燃。

在嘉高建校二十五周年华诞即将到来之际，作为曾经的学长，我想告诉每一个嘉高的学弟学妹，为了心中梦想，需要求真务实、勇于担当，嘉高就是我们实现梦想的阶梯和舞台。梦想没有大小，只有远近，只要有追逐的勇气，距离就不是问题。人生不能靠心情活着，而要靠心态去生活。做人凡事要静，静静地来，静静地去，静静努力，静静收获，切忌喧哗。有些梦，有些事，与自己步伐一致的只有影子，那么就一个人，一个人行走不要害怕，掌一盏灯，一个人也可以惊艳世间。

2022 年 1 月 10 日

最忆母校情

■ 金耀峰

校友简介

金耀峰，1998 年进入嘉兴高级中学学习，2001 年嘉兴高级

中学毕业，2010 年昆明医科大学硕士研究生毕业，毕业以来

一直在嘉兴二院从事骨科临床、教学及科研工作，担任主治医

师、教学秘书，曾经在浙江大学医学院附属第二医院进修半

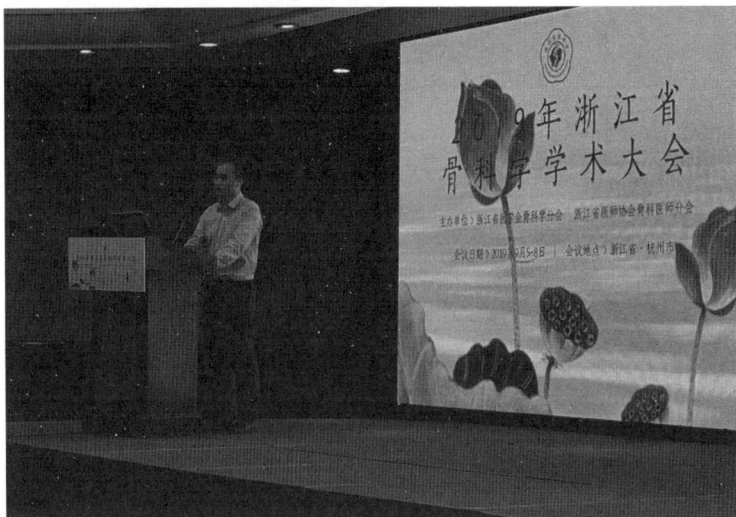

金耀峰校友在浙江省骨科学学术大会上作交流

年，学习创伤骨科，多年来在骨科常见病、多发病方面积累了丰富的临床经验；尤其擅长老年髋部骨折、四肢骨干骨折的微创手术治疗，关节内骨折精准复位坚强内固定，以及骨不连、骨缺损的重建修复，熟悉骨盆及髋臼骨折高难度手术治疗，对四肢关节脱位及四肢骨折手法复位石膏固定保守治疗亦有较多经验；参与市级课题 1 项，以第一作者在国内外杂志发表论文 5 篇，其中 SCI 1 篇。

在家收拾东西时，无意间从书桌里发现了保存完好的嘉兴高级中学的学生证。端详着依旧清晰的证书和昔日的青春容颜，感慨万千。从嘉高毕业已有二十多年了，往昔岁月如同轻烟被微风吹散，飞逝的时光如箭似梭毫不回头，三年的嘉高生涯让我领悟了务实责任、科学创新、追求卓越的嘉高精神，铸就了我良好的学习习惯。

二十多年前，我们正是嘉高母校招收的第二批学生，当时学校正在建造，我们借读于当时的嘉兴市新塍中学。硬件条件虽有限，但师生们的精神却非常昂扬，老师们辛勤地耕耘付出，嘉高学子则求真至诚，意气风发。

半年后，我们迁入了位于嘉兴市区的嘉兴高级中学新校区，教室宽敞明亮，宿舍安静舒适，教学楼雄伟大气。绿化是刚刚做好的，还能闻到一股淡淡的新栽植物的芳香，能够来到嘉高学习，对农村孩子来说是一件非常光荣的事情。

嘉高给我们提供了优美舒适的学习环境，而母校"真"的校训、优良的学风和先进的教学理念，则给了我们克服困难、战胜困难的意志和勇气。学习过程中，我们曾遇到过很多困难挫折，其中的酸、甜、苦、辣心中自知，但我们永不放弃，越挫越勇。我们如同嘉高刚种下的树苗，无惧风吹雨打，吐绿发芽，茁壮成长。二十多年后，每每路过嘉高校园，看到绿树已成荫，根深而叶茂，满园桃李已芬芳，耳畔又听到学弟学妹琅琅的读书声，备感温馨和亲切。

嘉高的老师来自全国各地，他们带着梦想而来，用真心和诚意孜孜不倦地教育我们，这份恩、这段情，让我永生难忘。讲一口流利英语的英语老师赵利民洒脱利落，带着浓厚安徽口音的数学老师黄光银内才毕露，教学思路飞快的化学老师许建英才华飞扬，戴着黑边眼镜且讲课时汗流浃背的物理老师杨正华敬业诚挚。还有知识渊博、文采出众的语文老师曹爱琴，勇于探索、求真务实的生物老师周国良，管理严格、一丝不苟的政教主任郑雄陆老师，以及和蔼可亲、每次在国旗下讲话都包括"求真、勤奋、担当"三层意思的徐新泉老校长。

感谢亲爱的老师们，你们在教导我们时晓之以理、动之以情，让我们懂得"一分耕耘一分收获"，让我们明白了"成功 =1% 的天才 +99% 的汗水"的内涵。感谢老师们的教导，使我们在母校学到了许许多多宝贵的品质和知识，多年后我真正领悟到了嘉高教育理念的内涵：嘉木扬长，高德归真。高中三年，老师们教导我们做踏实、守纪的人；我牢记着老师们的教诲，一路前行，不敢有丝毫的懈怠。

工作以后，因为我的职业的关系，老师们经常和我联系。我给周国良老师的亲友做过骨折手术，给许建英老师、曹爱琴老师做过健康指导，给郑雄陆老师的父亲做过椎间盘手术。滴水之恩，涌泉相报。能为老师们做一点事情，我感到很幸福；能得到老师们的信任，我感受到自己的价值。我们师生之间，建立了比山还高、比海还深的情谊。

回眸嘉高岁月，年少的我们不负韶华，不负所托，抓紧时间拼命读书学习的情景还历历在目。忘不了学习时，同学们那明朗清越的读书声；忘不了生活中，同学们互相帮助、互相关心、共同进步的场景……那同窗友谊，是那样的纯洁；那水晶般的可爱笑容，是那样的真诚。多么难忘的同学情啊！时光的流逝带不走真挚的情谊，毕业多年后，我们依然保持着紧密的联系，依然是最初的少年，没有丝毫改变。

林花谢了春红，一切太匆匆；但足迹虽远，情怀却未改。高中毕业二十多年了，母校也将迎来二十五周年华诞，我将继续弘扬母校的精神，在平凡的工作中努力创造业绩。衷心感谢母校的每位老师，感谢你们为我们所做的一切！桃花潭水深千尺，不及我与母校情；感谢母校的栽培，愿您根深叶秀，果实丰茂，弥香旷远，嘉德流长！

2022 年 1 月 5 日

做一颗高质量的螺丝钉

■ 孙国锋

校友简介

孙国锋，1998 年 8 月进入嘉兴高级中学学习，2001 年 7 月嘉兴高级中学毕业，2005 年 6 月浙江工业大学本科毕业，工程硕士，中共党员，高级工程师，《理化检验（物理分册）》期刊编委。现从事金属材料检验检测技术研究和失效分析及可靠性评估等工作；主持并参与纵向、横向课题 20 余项，获专利 13 项，参编专著 4 部，国家 / 团体标准 6 项，发表论文 16 篇；获第三批嘉兴市杰出人才培养人员（第一层次）、嘉兴市第六批专业技术带头人、海盐县第五批职业技能带头人、海盐县十佳科技工作者等称号。

我是 2006 年入职浙江国检检测技术股份有限公司检验员岗位的，浙江国检检测技术股份有限公司是专业的第三方检验检测机构，我主要从事紧固件产品和金属材料的测试和研究。我入职后在师傅的带领教导

孙国锋校友在进行科学研究

下从事紧固件的力学性能、金相分析、化学成分检测、失效分析等方面的检测任务。因为专业匹配以及嘉高"尊师、求真、勤奋、多思"学风的培养，很快得到了带教老师和单位领导的认可。单位对我的职业规划也从原来单纯的检验技术岗位向更加全面的技术管理层面转型。入职至今，我先后担任了检验组长、科室主任、研发部长等职位，一步一个脚印，踏实做好本职工作。在任职的每一个岗位，我都用科学和严谨的态度对待，像海绵一样吸收和学习，理论结合实际，并在实际工作中勤钻研和多思考，全面提升我的专业知识，也在领导和同事的团队配合下，锻炼和提升了管理水平。

2012 年公司计划开拓航空航天领域的紧固件检测市场，我很荣幸地被公司选调去组建团队，成立专项部门。同年我国大飞机 C919 项目还在设计阶段，我们团队就正式接到了部门组建以来的第一个任务，协助国家 C919 紧固件项目团队（以下简称委托方）进行大飞机使用的螺栓选型，要求对项目中使用的某型螺栓的国产件和进口件进行试验检测和比对分析，为该项目团队提供数据支撑和选型建议。这是一项国家级的项目，部门刚组建就接手这样重量级的项目，是机遇，是挑战，压力也是前所未有的。我们团队以年轻人居多，虽经验有限，但充满了活力和对工作的责任感。项目进行过程中，有一批螺栓的疲劳试验中出现1颗螺栓不合格。我们核对后第一时间反馈给了委托方，而委托方表示怀疑，反问是否我们的试验程序存在问题。根据委托方提供的产品信息，我们对该批螺栓进行了源头追溯。经查验，制造方是全球顶尖的紧固件企业，更是专注于航空航天紧固件研发和生产的专业型企业，同时也是波音和空客的指定供应商。面对这样实力强大的企业提供的产品，我们团队也打上问号。

于是，初生牛犊不畏虎，年轻团队最大的优势就是精力无限，我们不唯上，不唯书，只唯实。连夜展开讨论，复盘试验的每一个细节，对失效件进行宏观检查、断口分析、金相检查、化学分析等等手段，严格按照标准要求，全面客观地查找不合格的原因，并对同批次的螺栓进行了故障再现。

经过半个多月夜以继日的复核查验，加上外部专家的协助指导，终于，疲劳试验不合格的真正原因浮出水面：螺栓牙底的折叠存在缺陷。于是我们就这1颗不合格的螺栓试验结果提交了报告。5万多字，200多页的图文和数据分析，详细阐述了产品的缺陷项目、螺栓的失效原因，并对如何改进提供了专业建议。找到原因后，问题很快得到了解决，这款国产螺栓的质量也借此全面提升，达到了项目设计标准要求，最终被该项目采用。

厚厚一叠的报告，是我们在无数次失败中坚守、排除万难追求真理的最终呈现。其中的艰辛和煎熬每一位参与者都终生难忘。为了实现目标，团队的齐心协力，沉浸式的学习和探索过程，也是我们收获的非常珍贵的财富。借老子云："天下难事，必做于易；天下大事，必作于细。"

哪怕只是一颗小小的螺丝钉，也要做一颗高质量的螺丝钉；既是初衷，也是一生所愿，更是嘉高校训"真"流淌在我血液中的基因！

嘉高即将迎来二十五周年华诞，衷心祝愿母校越办越好！

2022 年 1 月 10 日

从梦想开始的嘉高起航奋进

■ 俞　建

校友简介

俞建，1998 年 9 月保送至嘉兴高级中学成为第二届嘉高学生，

2001 年 7 月高中毕业考入中国计量学院（现中国计量大学），

在校期间曾担任班长、团支书等职务，多次获学校二等、三等

奖学金和优秀学生干部、三好学生等荣誉称号。2005 年 7 月

大学毕业，进入国家某研究所工作，先后获得过优秀团员、"七

好"党员、优秀党务工作者等荣誉称号，曾任计量测试中心分

俞建校友在工作

工会主席、副主任、党支部书记，现为高级工程师，担任国家某研究所纪检监察审计部副主任。

或许，到了不惑之年，再回首走过的路，我们才能更真切感受到"人生天地之间，若白驹之过隙，忽然而已"的真正含义。从嘉高毕业至今已二十多年了，每每回忆起高中三年的学习生活又仿佛就在昨天，历历在目。

最美嘉高记忆

记忆一：与母校共成长。我是 1998 年保送进入嘉高的，当时因为学校还在建设阶段，我们和嘉高首届学长一起在嘉兴市新塍中学借读了一个学期。1999 年 3 月 15 日，作为第一批入读嘉高新校区的学生，我们见证了母校创业时的艰难。由于是新办学校，当时学校周边的道路都是泥巴路，下雨天经常还要穿个雨鞋才能通行，校内的很多硬件设施还没完工，教师队伍还在陆续从全国招聘，教学水平在外人看来也还是个未知数，学校自然没有现在这么大的名气，不少人甚至还没听说过这所学校，尽管困难重重、压力很大，但全校师生还是铆足了劲地拼，丝毫不敢有怠慢，因为这背后有父老乡亲的支持，有领导的关心和指导，有全体家长的殷切期望。新成立的嘉高凭着这一种精气神，在一代又一代嘉高人的顽强拼搏和艰苦奋斗下，取得了一项又一项可喜可贺的成绩，从一个高峰迈向了又一个新的高峰。

记忆二：嘉高一草一木。2016 年，在毕业 15 周年之际，当我再次回到母校的时候，原以为与阔别已久的嘉高会产生隔阂感，但映入眼帘的一草一木还是如此熟悉，所有的记忆场景像电影一样在眼前倒流过，丝毫没有陌生感。高中那三年，印象最深的必属那三点一线的"主角"。一是嘉高的食堂，每到午餐、晚餐铃声响起，大家争分夺秒的步伐，仿佛在与时间赛跑，有的学霸在排队买饭的间隙还要带个小本本学个知识点，可能是在给自己"加餐"（精神食粮），这是印象最深的一道风景线。二是嘉高的寝室，虽然每天也就睡个觉，占用时间不多，但那是我们友谊培养的重要场所，我们同寝室几个人，到现在还能靠深厚的感情在工作之余排除万难举行定期"例会"。三是嘉高的教室，那是我们的主战场，映入眼帘的永远是课桌上比自己头还高的练习册、检测知识点掌握情况的试卷、龙飞凤舞画满各种知识点的黑板、我们在灯火通明的教室里上晚自习的身影！学校的每个地方都留下了我们曾经奋斗过的痕迹，这种记忆是铭刻在骨子里的，任凭时间千般洗刷也永远挥之不去。

最忆嘉高情

嘉高的校训是"真"。作为嘉高的学子，我们一直在求真、悟真、践真的路上永不停歇，当我们困惑、焦虑、迷茫的时候，"真"如同我们人生的灯塔，照亮我们前行的方向。求真是人类社会的底线，做人要真，学习要真，做科学研究也要真，我们所从事的每一项工作都离不开这个字。陶行知先生早在百年前就欣然提笔："千教万教教人求真，千学万学学做真人。"嘉高校训倡导的这种"教人求真，学做真人"的思想理念早已深深地植入了我的脑髓，并且受益一生。

诲尔谆谆，听我藐藐。嘉高的老师是最值得感恩的人，他们在我们人生最关键的时刻给予正确的引导和无私的奉献。我永远忘不了徐新泉老校长每周一在师生升国旗讲话时的谆谆教导，永远忘不了年级组长吴明华老师铿锵有力又充满慈爱的叮嘱，永远忘不了班主任王永平、朱文标老师每个晚自习的关心和督促，永远忘不了鲁建飞、李筱红、杨振华等老师认真负责和富有激情的授课解惑。在嘉高，我看到了那一代老师脚踏实地、兢兢业业的奉献精神，心中不禁涌起一股感恩和敬意。

难忘同窗，最忆同学。同学之间的情谊是如此深刻、如此纯粹，不在乎事业、家庭和身份，不在乎经历、地位和处境，既朝夕相处，又共同前行。尽管流年易逝，时光容易把人抛，而同学间的友谊却可以历久弥新、不染尘埃。时至今日，我依然能准确地喊出每一个同学名字，不是因为我记忆力好，而是我内心珍惜这份友情。有时候，在工作交流中也会碰到一些校友，不管是不是首次见到，无形中都会拉近彼此的距离，仿佛天生就有一种亲近感，或许是因为我们都为自己是嘉高人而骄傲。

寄语学弟学妹

第一，坚定理想信念，树立正确的价值观。功崇惟志，业广惟勤。习近平总书记说，少年强、青年强则中国强。希望嘉高的学弟学妹们，牢牢树立正确的人生观、价值观，忠于祖国，不负时代，"得其大者可以兼其小"，把人生理想融入国家和民族的事业中，成为走在新时代前列的奋进者、开拓者、奉献者，努力成为祖国建设的有用之才、栋梁之材、爱国之才。

第二，坚持就是胜利，铸就优良品格。嘉高的三年，对很多人来说是睡眠不足的三年，是学业繁重的三年，是压力巨大的三年，是艰苦奋斗的三年，是不断遭遇挫折的三年，但也是锻炼优秀品格的三年。经历过这三年，你将完成人生的一次蜕变，你会懂得什么是勤学苦读孜孜不倦的牛劲，你会懂得什么是坚持不懈永不放弃的韧劲，你会懂得什么是充满自信全力冲刺的拼劲，因为我们都明白"宝剑锋从磨砺出，梅花香自苦寒来"的道理，生活是最公平的，春天付出多少，秋天就会收获多少，只有经历过无数次学习上的打击，并且不断战胜它们，才能锻炼顽强意志。学弟学妹们，努力拼搏 1000 天，让青春在时代进步中焕发出绚丽的光彩，将来你一定会感谢现在努力的自己，祝愿你们都能成为自己最想成为的人。

第三，坚持培养创新思维，提升创新能力。创新是民族振兴、国家富强的动力。历史和现实反复证明，在科学技术日新月异的今天，唯创新者进，唯创新者强，唯创新者胜。不创新就会落伍，不创新就会滞后。教育要创新，改革要创新，科技要创新，社会每个行业、每个角落都会迎来加快创新的步伐。希望嘉高的学弟学妹们能在以后的学习和工作中大胆实践，善于和勇于创新，克服前边道路上的种种困难和挫折，向创新这个方向迈进，拒绝"新平庸"。

第四，坚持自律自强，严守底线红线。这个世界五彩斑斓，如此美好，同时又充满了各种诱惑，小到奶茶、游戏，大到奢侈品、汽车、房子、私人游艇、数不尽的财富等等，这个社会可能让人犯错的诱惑越来越多，在一些错误舆论引导下，有些人慢慢误入歧途，有些人出卖了自己的灵魂，有些人走上了违法犯罪的道路，一不小心就深陷泥潭，万劫不复。所以，任何时候我们都不能迷失自己，千万不要给自己放纵的借口，要对自己严格一点，让自律成为一种习惯，经得起诱惑，耐得住寂寞。请记住，自律的人不一定优秀，但优秀的人一定自律。

第五，珍惜同学友谊，结伴互助而行。高中三年，除了学习，你最应该庆幸的是能遇到这么多志同道合、结伴前行的同学，那是在上千个日夜里与我们一起闯过来的战友，在胜利的道路上与他们携手互勉，总是能带给你温暖和感动。当你毕业了，工作了，同学将是你社会关系中不可或缺的一环，甚至是重要的一环，纯真的同学友谊更是无法用金钱来衡量的，所以好好珍惜吧，这是我们人生的一笔宝贵财富。

最后，在母校迎来建校二十五周年华诞之际，祝愿嘉高桃李芬芳，更展宏图，再谱华章！

2022 年 1 月 5 日

不能忘怀的岁月

■ 项甫根

校友简介

项甫根，1998 年进入嘉兴高级中学学习，2001 年嘉兴高级

中学毕业，2008 年于南京航空航天大学硕士毕业，2008 年

至今就职于国家某研究所，现任国家某研究所生产制造中心副

主任。

项甫根校友在现场工艺指导

收到敬爱的徐新泉老校长来信，常常在空闲时间中用力地回忆高中三年的美好时光，或者奔波于工作场所的两个区域路过嘉高母校时的惊鸿一瞥，让我回味最多的还是我们嘉高人永远求真的秉性，这种感觉就像是当年读书时领会的物理公式，很多时候不会想起也没觉得有什么实际的用处，但是每到用到的时候又是受益匪浅且意味悠长。

我是嘉高第二届学生，当时嘉高校舍还在建设，所以在嘉兴市新塍中学借读了半年后，才搬到了嘉兴市区的嘉高校园。当时刚搬到新校园的时候，条件确实很艰苦，记得那时候只完工了教学主楼、一幢宿舍，还有食堂，水泥路都还没有修好。但是，印象中搬迁时以及搬迁后的很长一段时间里，不管是老师还是同学，脸上还是按捺不住自己的喜悦，毕竟这是我们自己的校园。

其实，毕业后，尤其这几年，由于工作路过嘉高母校的次数倒是不少，但是真正进到校园里回顾当年的时光应该不超过 3 次。最近的一次进到校园是 2019 年国庆节的同学聚会，请当年的班主任昌哥（孙雪昌老师）给我们回味了一堂班会课，跟同学们一起走了早已经改成塑胶地面的跑道，看了矗立依旧的教学楼……仿佛分开很久，但又感觉不曾离开。

经常听见办公室的同事讲起家里上高中的孩子多么辛苦，而我回想起高中的三年，艰辛苦涩的回忆甚少，而美好愉悦的场景特别多。

最先想起的是食堂早餐的肉包子，5 毛钱一个，皮薄馅多味道好，我随随便便就能吃 3 个，而且我们是做完早操上完早自习去吃早饭的，所以那会儿肚子正饿，可想而知这个包子得有多抢手，所以经常会看到早自习课快结束的时候，已经有几位男同学的目光盯向教室门了，就等着铃声响起。不止这些，食堂的红烧鸭腿、糖醋排骨……至今还是我们记忆中最美的食物，说起来还直咽口水。那时与在嘉兴各个高中学习的初中同学说起嘉高食堂的"美食"，大家都投来羡慕的眼神。

刚搬到新校园的时候，只有一幢宿舍楼，所以学校规定，1—3 楼为男生宿舍，4 楼为教师宿舍，5 楼为女生宿舍，直到后来才有了第二幢、第三幢、第四幢宿舍楼。不过，说实话，高中时代留给我们自由活动的时间真的不多，早上 6 点多就出门了，晚上 9 点才到宿舍，所以住宿条件是否艰苦从来都不为大家所在意，反倒是平添了几分其乐融融。到现在都能清晰地想起，每天早上比赛谁能够快速起床整理好被子迅速出门奔赴操场排队跑步，而每天晚上晚自习结束回到宿舍后，互相串门分享一包方便面，熄灯之后钻在被窝里打着手电，看着作业题和字"咪咪小"的金庸全集，与巡视寝室的值日老师"捉迷藏"。

当然更多的还是学的方面。我们嘉高从建校伊始，就积淀着求真、勤奋、务实的校风。平心而论，高中三年在一个人的学习生涯中都是至关重要的时期，也是"压力山大"的时期，但是在我们嘉高，在紧张的学习之余，老师和学生都能展示真性情，培养真感情，增长真见识。至今还记得教语文的曹爱琴老师干练飒爽的讲课风格，无论是散文、小说、文言文等，曹爱琴老师发自内心地沉浸在文字带来的享受中的表情还历历在目。教数学的黄光银老师给我们讲排列组合，"令狐冲，任我行，左冷禅，任盈盈如何接力赛跑地排兵布阵"，我们至今仍印象深刻，当然这完全不影响黄光银老师现在已然是我们心目中最会写诗的数学老师的地位，没有之一。教英语的赵利民老师，一位东北汉子，长相硬朗，皮肤黝黑，说起普通话来有淡淡的东北味，但是讲英文的时候又是地道的伦敦口音，让我这种初中基础不扎实的学生受益匪浅。一直到大学学习英语时，高中时学习的时态、语法等英语基础知识仍让我获益匪浅，可惜就是在单词记忆上没有掌握住老师教的精髓。教化学的许建英老师每堂课那精美完整的板书，教我们上课要专心听讲、考试前好好温习上课笔记，就可以取得不错的成绩。相比于教数学的黄老师，教物理的杨正华老师那就是物理老师中最会讲故事的，他讲的托马斯·杨的光学理论及麦克斯韦妖的故事至今仍然声声在耳。教地理的钱水荣老师应该是物理杨正华老师的知心朋友，不管是讲到台风的风向还是天体的运动，让刚开始聚精会神听课的同学误以为在上物理课，而我倒是特别喜欢钱水荣老师讲课的风格。曾几何时立志要成为一名地理学家或者天文学家，可惜后来误打误撞选择了机械专业。而教历史的居枫鸣老师则是一副儒雅的风格，风轻云淡间又有种看穿上下五千年的深邃眼神。高三时的班主任昌哥（孙雪昌老师）和我们亦师亦友，温文尔雅的气质，让我们在身心压力最大、面临高考的一年，还能够积攒好多温馨和坚持的力量。高中毕业上大学后第一个寒假分批组团去昌哥家蹭吃蹭喝的往事，也一直为同学们津津乐道。当然，更忘不了我们敬爱的徐新泉老校长周一国旗下的讲话，每次都是那么意味深长，让我们回味无穷。徐校长那句"今天我以嘉高为荣，明天嘉高以我为荣"的话，至今还时时想起，激励我们在自己的岗位上努力工作、为母校争光！

　　而在学习之余，印象中那时候学校给我们自由活动的时间和空间还是很多。当时嘉高引入了无锡天一中学的教学理念和课程设置，每天下午3点后除了卫生包干区的打扫，都是自由活动和自习的时间，那时候的篮球场、排球场和大操场肯定是人满为患，我参加工作后因为守门技术好而获得了工作单位足球联赛最佳新人荣誉，以及在排球比赛中也有很好的发挥，都得益于那个时候的兴趣培养。

在嘉高校园的点点滴滴汇聚成的美好时光不胜枚举，在这么一个年龄段，在这么一个人生特殊的时期，能够遇到这么一帮好老师和好同学，能够在知识的海洋中徜徉时，还能发展自己的个性，这是多么大的幸事！当然，站在现在这个时间点，回头再看看，体会最深的还是我们嘉高校训的"真"对我们的影响，无论是学习、工作还是生活，人生的不同阶段能够体会并尽力去求真，学习致真知，做事真笃行，做人真性情，已然是人生的莫大幸福！

嘉高是我们人生中最重要的一个节点，她即将迎来建校二十五周年华诞，我们衷心祝愿母校越办越红火、越办越辉煌！

2022 年 1 月 16 日

唯有努力，不负光阴

■ 朱天麟

校友简介

朱天麟，1998 年进入嘉兴
高级中学学习，2001 年于
嘉高毕业后，考入上海师范
大学。2005 年大学毕业后，
在上海从基层销售做起，逐
步学会电话销售、拜访客
户，学会了各种销售技巧。
虽然也低落过，也迷茫过，
但坚信唯有坚持努力，一步

朱天麟校友

一步脚踏实地，一定会实现曾经的梦想。现就职于化工行业顶
尖企业 Evonik，负责大区销售工作，兼任嘉高上海校友会副
会长。

青春，是镌刻在每一个人灵魂深处的一段记忆。无论如何，它都在那里，柔软了时光，丰盈了岁月。而在我们的少年时代里，不管是热泪盈眶，还是忍痛蜕变，都在这里——嘉兴高级中学，绽放一段流年。

嘉高有自己的文化：嘉木扬长，高德归真。嘉高，孕育着学子们的梦想。有了梦想，我们便有理由坚强；有了梦想，我们才能风雨无阻；有了梦想，我们才能和最好的自己来一场最美的邂逅。梦想指引着我们未来的人生之路。

我的家在嘉兴市秀洲区的一个小村庄，我的母亲是家中长姐，需要务农照顾家里，所以她不识字，但是她一直有求学的向往，因此在我很小的时候，她就告诉我，要好好上学，认真读书。邻居有一位年长我一岁的师兄，从村里考到了嘉兴高级中学，家家户户都前来祝贺，他回村时，总会告诉我嘉高的趣事，告诉我嘉高要在嘉兴市区建新校园了，鼓励我加油、努力，争取一起进嘉高。

于是，在我心里，嘉高，成了我为之追求的梦想，为此，我拼搏了，努力了，很幸运，我真的实现了我的嘉高梦。

1998 年的夏天，我成为嘉高的一员。新校舍还没建设完毕，我们寄读在嘉兴市新塍中学，那时的条件，确实有点艰苦，二十多个小伙子睡在一大间房里。每天晚上回到寝室后和室友挑灯夜战更是一段值得回忆的时光。

1999 年的春天，嘉高新校舍终于投入使用了。我们搬到了嘉高的新校园。进入嘉高的大门，映入眼帘的是鲜艳的五星红旗和"JG"的雕塑。天蓝悠悠的，草地软绵绵的，小伙伴们成群结队在一起尽情地打篮球，在草地上打闹。嘉高的一花一草一木，都在我们紧张的学习之余，给我们带来了<u>丝丝惬意</u>。

后来，也走过很多地方，看过很多的风景。但蓦然回首，嘉高的一图一景才是心中的守候。嘉高，你早已成为我心中难以忘怀的风景。

她包容每一个生命的茁壮生长，最终成就自己的堂皇。我才疏学浅却想一诉衷肠，只是那一度相逢，留下我的心永在长夜思量。我想我最爱的还是数学课堂，亦谐亦谐的老师在黑板上书写，书写他熟记在心的定理规章。

嘉高的学习，是紧张而又充实的。说句实话，我的成绩并非名列前茅，经常排名在班级中间位置。但是数学的确是我的强项。我喜欢数学，破解题目后的那份喜悦让我难忘。喜欢用不同于老师的方法解答题目。年轻的我，还喜欢在课堂上插嘴回答问题。数学老师也不怪我，反而时常点名让我回答。数学成绩的优秀，让我有点小骄傲。

印象最深的事情是，有一个全国性的数学比赛，我的老师让我参加。用受宠若惊来形容，也不过分。班级中，只选拔了我一名。老师跟我说："朱天麟，你有数学的天分，你很聪明，老师觉得你有潜力去尝试一下这个比赛；但是你也要明白，数学光靠小聪明也是不行的；要有努力的态度，举一反三，脚踏实地做好准备。就像嘉高一直以来的校风之言：务实，勤奋。"

听了老师一席话，我感触颇深。我收起了自以为是的小聪明，努力做题，做各种题型，老师也常常留下来辅导我，指点我。我与老师亦师亦友，在探索的道路上，向着同一个目标前进。

　　最终我的比赛未能拿下奖项，老师却说，你很棒。有时人的努力得不到结果，但是它的过程，足够你珍藏。回想起来，每每想到此事，我总能生出感叹。谢谢老师当时给我的鼓励。这些鼓励和支持，让我明白，加油去干，不要怕结果如何！

　　高中三年，窗外的树木渐渐轮廓明晰，夕阳打在窗上闪耀着金光，放学后的校歌响彻整个学校，广播员为你播报新的文章，学子结束一天的学习在食堂匆匆就餐，然后回课堂继续将书本摊开把头埋下。年少的我，在学校遇见捧着一摞书走过的飘飘衣袂，遇见骑着单车经过身旁的飞扬衣角，遇见球场上三分进篮的汗水，遇见寒窗苦读的辛劳学子。

　　那时，我不是在教室里埋头苦干，就是在操场上挥汗如雨。打篮球，就像繁忙作业中的一种放松。刚到高中那会，我身高一米八，体重一百四十斤，身材其实挺瘦弱的。可是这并不妨碍我对篮球的喜爱。跟随喜欢来的是科学的方法和加倍的努力。篮球的精准度不够，我就拼命练习投篮。读书累了，就到操场篮球场上练习投篮，常常练不到十分钟就已经汗流浃背。成绩的取得都是日复一日的训练和一滴滴的汗水累积出来的，只有全力以赴和坚持，才会收获。

　　我的篮球技术稳步提升。那年学校要招聘新的体育老师，为此组织了场篮球赛来考核新老师。我很幸运，被点名可以参加篮球赛。心里竟有一丝丝的骄傲。年轻的时候就是这样，只要自己被肯定，就是莫大的支持和信心的来源。

　　人生如一片茶叶，在烈日下开花，在暴雨中成长，在火焰上焙制，没有更大的磨砺，怎能让那浸渍在叶中的芳香生发出来？

高考，这是高中三年最后一场硬仗。

不甘落后的竞争，让我们兴奋，却糅进了焦虑；紧张充实的每天，多彩中又似乎是那么枯燥。很遗憾，我的高考其实是失利的，我没有发挥好。人生最大的十字路口出现了，我毅然决然地选择去上海，去一个离我城市最近，但是又繁华的大上海，我报考了上海师范大学，很幸运，我被录取了，来到了这个"大上海"。

踏上上海的一刹那，感觉有点头晕目眩，虽然只有一百公里的距离，但这是两个世界。从徐家汇客运中心出来，已经分不清东南西北，那时候对面还没有西藏万怡酒店，但想不到这个地方今天会成为我们公司的定点商业洽谈酒店，而我也成为这里的常客。几经周折，来到学校，面对绿树成荫、红墙黑瓦、古色古香的美丽校园，我觉得在嘉高的艰苦三年是如此值得。

进入上师大后，我快速地融入这个集体，融入全新的生活。我也快速地加入学校组织的勤工俭学的大军中去，这也开启了我慢慢适应社会，锻炼自己的历程。做家教，发传单，销售充电器、电板、学校（企业）检测试纸，等等，干得不亦乐乎。一份执着，一份艰辛，努力完成学业，也不耽误自己的"事业"，这就算是创业吧。大学这几年是快乐的，纯粹的，也是懵懂的，更是艰辛的。记得给一个台湾家庭做家教时，当孩子的高管母亲问我，将来毕业后，有什么想法吗？我一片茫然，我开始意识到，时间总会慢慢过去，我也会面对这个问题，暗暗地回顾大学和自身的特点，我觉得做销售是我最好的定位。大学的这几年，收获了太多太多，更加珍贵的是收获了我的爱情。

　　离开温柔呵护我们的学校和老师，步入社会，我进入了一个国有企业的子公司，完全靠自力更生。但是里面的员工都是上面退下来的老员工，我全靠自己的独立开发，慢慢地适应了这份工作。

　　每次跳槽，都是人生的一个巨大转折。我选择离开公司，去一个业务模式很成熟的台湾企业，带我进入一个成熟的销售模式，这是个崭新的平台。就是在这里，我认识了一群富有朝气的年轻人，也让我遇见人生的导师和永远的好朋友。在这里，我也跟我的大学同学光荣领证，组建一个美满的家庭。

　　人生就是一个不断前进不断探索的过程，会面临很多选择。在每个十字路口，每个人的选择都不同。我觉得最重要的是坚持、努力、奋斗。正如嘉高教给我们的：勤奋，多思。选择的时候，一定要思考每一条路，然后坚定不移地走下去，去挖掘自己的潜力，去开拓自己的未来。

　　我选择去了一家行业内非常精尖的外资企业，公司的口号是只做世界前三的产品。正是加入这家企业，我走上了一个更高的平台，也是这家企业，带我开启了人生新的篇章。

　　没有人能定义出什么是成功？你问我，现在的你，成功了吗？我没法回答你。我只是在努力做到更好，拼搏的过程，是我一生的珍藏。嘉高的几年，使我继承了嘉高的文化基因，奠定了我的思想，"求真，勤奋，多思"。一路走来，有过迷茫，有过失落，更多的是触底反弹和永不怕输的精神。

　　嘉高，这个火红了年华，惊艳了岁月的校园，我们在这里的时间虽只有短短三年，但我们却可能用一生去回忆。或许某年某月某天，我们的记忆与嘉高斑斓的生活重叠时，会让我们收获猝不及防的刹那感动。愿我们以后不忘进入嘉高时的初心，活出自己想要的模样。

廿五韶华，最忆嘉高！

2022 年 1 月 23 日

在"求真"和"务实"中努力向前

■ 唐秋骏

校友简介

唐秋骏，1999 年进入嘉兴高级中学学习，2002 年嘉兴高级中学毕业，考入华东理工大学；2006 年大学本科（法学）毕业，就读期间获上海市优秀志愿者、上海市优秀毕业生、校优秀学生干部等荣誉称号；2011 年华东理工大学硕士研究生（经济

唐秋骏校友

法）毕业。2006—2010 年留校任华东理工大学法学院思政辅导员，获校优秀辅导员、优秀分团委书记、优秀党建工作者等荣誉称号；2010 年至今就职于上海市公安局人口管理办公室，其间获市人大代表书面意见和政协提案办理工作先进个人称号，市公安局"五四"奖章优秀青年称号 2 次、个人嘉奖 5 次，荣立个人三等功 2 次，目前担任上海市公安局实有人口管理处副处长。

嘉高建校即将迎来二十五周年华诞，为进一步弘扬嘉高文化，徐新泉老校长告诉我，母校请你写写自己成长过程中的片段，与母校的学弟学妹分享一下自己的奋斗故事，以更好地激励学弟学妹仰望星空、脚踏实地、奋发努力！

在"简陋"与"豪华"的体悟中，印刻嘉高精神

1999 年 9 月，告别了夏日的酷暑和长假的悠闲，终于来到了期盼已久的高中校园——嘉兴高级中学，并慢慢印刻了嘉高"求真""务实"的精神内涵。

我是嘉高招收的第三届学生，是嘉兴市区的嘉高新校园初步建成后首批直接入校的学生，入学那年，校园里除了环形的主教学楼、第一宿舍楼、食堂、篮球场，其余的基础设施都在建设中。作为一所住宿制学

校，宿舍楼也只有一栋，虽然学校初办，每个年级开班少，寝室房间够用，但也很艰苦；当时宿舍没有安装空调，7人一间的宿舍里，只有头顶的2个小风扇。操场跑道是煤渣铺设的，足球场没有草皮，一些校园道路还是用碎石和泥沙临时铺填的，甚至学校四周的围墙还没有合围，当时学校的教学、生活条件真的是处在建设中的"简陋"期。

反观教学课程的安排，却是满满当当，非常"豪华"。作为住宿制学校的学生，我们努力、刻苦地学习，周一至周六上午排满课程，周六下午、周日上午自习，同学们都非常自觉，十分珍惜学习的机会。

"教"和"学"是相辅相成的，如此"拼搏"的日子，好在有敬业的嘉高老师们陪伴。每每想起任课老师孜孜不倦的授课身影，班主任诲人不倦的慈父形象，温暖而感动；那段校园时光，既有学习的辛苦，又有生活中的满足，用"痛并快乐"形容，最合适不过。

还记得，嘉高校歌的一句歌词"嘉高人，永远求真……"，在"简陋"和"豪华"的强烈对比下，凭借着嘉高师生"求真""务实"的努力，一届届嘉高学子在高考中取得了优异成绩，成就了嘉高多年来的蓬勃发展，使嘉高成为莘莘学子向往的学校，成为嘉兴百姓心中的优质高中学校！

在"求知"和"成长"的过程中，深植嘉高精神

2002年，在嘉高老师们的精心教导下，在嘉高文化的持续熏陶下，我们顺利地完成了高中学业。但嘉高"求真""务实"的精神内涵，一

直伴随着我后续的学习和成长，并指引着我不断前进。

在华东理工大学本科学习阶段，作为高中时期入党的学生党员，入学后，经组织推荐、部门面试，担任了校大学生自律中心的副部长。校大学生自律中心是一个招募、培训、管理、输出大学生志愿者的学生自治组织，主要承担学生校内活动秩序监管和维护，校外各类学生志愿活动的对接、服务输出等。本着"求真""务实"的工作态度，以及对志愿服务的热情，我利用课余时间，积极投身到自律中心的工作中。在校期间，先后组织、参与校内外各类大小志愿活动百余次，组织动员学生志愿者不下 5000 人次。2003 年暑期，全国残疾人职业技能大赛在上海举办，我有幸作为学校志愿者代表，全程参与了本次志愿服务工作。我们的主要工作是为赛事的主办方提供赛事资料整理、文印装订、参赛引导等。赛程安排紧张，工作节奏快、强度大，是我参与本次志愿服务工作的体会。当时，由于赛事调整、参赛人员行程变化等，考虑到残疾人赛事的特殊性，主办方数次调整赛程安排，相关赛事文件也需要做相应调整，所以志愿服务期间加班加点是常态，偶尔还需要通宵"赶工"。对此，我在组织好本小组志愿者做好规定服务工作的同时，以身作则，克服辛劳，主动承担计划外工作，并数次请战"通宵"加班，确保本组志愿服务工作按时且保质保量完成，切实保障了赛事的平稳有序举办。

2006 年本科毕业，经学校考核、面试通过，按照大学生思政辅导员"2+3"培养模式（工作 2 年，其间保留学籍，第 3 年开始研究生学习），保送本校研究生继续学习。参加工作后，始终坚持以"求真""务实"为工作原则，全心全意投入学生思政工作中。学生思政工作纷繁复杂，其间还兼任了学院分团委书记、学院党总支秘书，除了需要做好日常学生事务管理工作之外，还要协助做好助学贷款、帮困、团建、党建等工作。平时要主动深入学生之中，与学生打成一片，准确掌握学生日常思想状况，及时发现学生学习、生活中反常的苗子性问题，并视情况介入干预，落实相关应对措施，确保学生身心健康。4 年的思政辅导员工作，使我从一个学生逐步过渡成为一个"家长"，学会了试着去体会、照顾学生的学习、生活等方方面面。学生成绩不理想，要协助授课老师、班主任谈心谈话，抓成绩；学生违反校纪校规了，要配合校学工部开展谈心谈话，落实纪律宣传教育和处置；学生表现反常了，要联系周边同学、家长了解情况，及时开展谈心谈话、做好心理疏导，并跟进思想教育、贫困补助、帮扶就业等相关措施。而谈心谈话，是思政辅导员的"必修课"，也是我本着"求真""务实"，在工作中逐步摸索出来的工作"利器"。

在"坚守"和"担当"的交替中，弘扬嘉高精神

2010 年，是我人生的一个重要转折点。作为男生，从小就崇拜英雄，也曾梦想从军，无意间看到上海市公安局招录人民警察的宣传广告，一下子又将我尘封多年的热血点燃了。经公务员考试、面试通过，并按照"招警"的特殊要求，又参加了体能、心理测试，终于顺利成为一名人民警察。从警初期，也经历了许多常人体会不到的"第一次"，我在工作中，一直在弘扬嘉高"求真""务实"的精神内涵。

第一次"爬"楼梯、第一次"站着补觉"。体能达标，是一名人民警察必备的素质，虽然先后经历过高中、大学军训，也曾在大学担任思政辅导员期间配合部队教官，组织、陪同学生军训，但新警培训期间的队列、体能训练，才让我体会到了原来学校里的军训教官是如此"可爱"、如此"仁慈"。为期一个月的警训，为操练体能，每天不少于2个小时的军姿、4个小时的队列、1个小时的快速长跑，还时不时地穿插蛙跳、高抬腿、俯卧撑、变速跑等，不到3天，所有学员双腿都无比"酸爽"，包括我在内的大多数学员上下楼梯都"手脚并用"，学会了四肢并用"爬"楼梯。为应对突发情况，在早、中、晚训练之余，半夜紧急集合、野外拉练，也成为训练常态，很多学员为了能快速响应集合，不脱鞋袜，和衣而睡。在这样高强度的训练之下，大家都感到精疲力竭，且睡眠严重不足，但是大家互相鼓励，咬牙坚持，逐步适应了这个过程。慢慢地，我们体能上去了，军姿也越站越稳，站军姿成了大家的最爱，因为很多人可以"站补觉"，站着在半睡半醒中保持一种晃晃悠悠的"动态平衡"。

第一次实弹射击，第一次不是伤心痛苦的"痛哭流涕"。最痛苦的警训终于"熬"了过去，迎来了为期半年的警务技能培训。其间，我们系统地学习了警务理论，有擒拿格斗，也有警械器具使用，印象最深的就是枪械射击科目。警用枪械最普遍、最常见的是手枪和防暴枪。手枪在警匪剧中比较常见，但大多数人对防暴枪并不了解。警用防暴枪多用于发射催泪弹等低杀伤性的弹药，主要用于驱散骚乱人群。为了能够更好地体验催泪弹的驱散效果，一位有过境外从警经历的华裔教官给我们设置了一堂特别的"体验课"：为方便观察，在一个密闭的玻璃房间内，射入 2 发催泪弹，瞬间弥漫浅黄色的烟气，学员可根据本人意愿进入房间，在保持正常呼吸的情况下，驻留 30 秒后出来。参与的学员，进去前个个精神抖擞、满脸不在乎，出来时个个痛哭流涕、一脸痛苦状。我想，这堂"体验课"，虽然有"痛苦回忆"，但作为一名人民警察，永远不会也不愿忘记这份痛苦，因为这是我们致力于维护社会安定、"坚守"岗位的特殊骄傲。

第一次"接待群众"，第一次收到"表扬信"。上海市公安局人口管理办公室不是一个一线实战部门，职能更偏重服务和管理，业务上涉及违法犯罪的，则配合治安、刑侦部门开展打击整治。初入公安，第一个岗位是户口管理，在快速熟悉业务后，就积极参与到群众来访接待工作中。群众来访，往往是因为对户口政策的不清楚、不理解，而且上海作为当年大量知识青年、劳动青年输出城市，历史问题复杂、档案卷宗难觅、户口政策多样，对个人业务知识储备要求极高。巧的是，第一次"接待群众"，就遇到了历史遗留户口难题。我靠着勇于担当、坚持不懈的韧劲，在首次接待劝返群众后，对于其反映的问题，主动提前了解历史背景，深入分析业务知识，查找调阅相关档案材料，并按照"服务为先"理念，及时联系当事人告知相关进展，逐步帮助其找到了户口申报症结所在，予以化解，最终使其顺利申报了户口。无独有偶，同样在接访一老人后，以"务实"的工作态度，通过多次沟通、多方协调，经请示领导同意，作为特殊情况照顾其解决了由于房屋出售暂时无处落户的问题（当时"社区公共户"政策尚未完善）。事后，老人甚为感激，并专门寄来了表扬信，感谢我对"为人民服务"宗旨的"坚守"，感谢我对本职工作的"担当"。

嘉高"求真""务实"的精神内涵将继续鞭策我、激励我在今后工作中，立足本职，以踏实、负责任的态度，切实做到权为民所用，利为民所谋，努力实现更高的人生价值！同时，衷心祝愿嘉高母校越办越好，祝愿学弟学妹学业有成！

2022 年 1 月 15 日

文明、勤奋、求实、创新的校风让我受益一生

■ 金周斌

校友简介

金周斌，1999 年进入嘉兴高级中学学习，2002 年毕业于嘉兴高级中学，2006 年毕业于浙江大学，同年进入嘉兴市电视广播集团，先后在新闻频道品牌栏目《小新说事》《嘉兴新闻》担任记者、责任编辑；2012 年起任新闻频道总监助理；2015 年起任新闻频道副总监；2017 年起兼任全媒体新闻中心副主任；2019 年 7 月任音乐生活频率总监；2020 年 10 月至今，任禾点点运行中心主任，嘉兴广播电视报社总编辑、主任记者。从业以来共有 10 多件作品获省级以上奖项，其中浙江新闻奖一等奖 3 项。

金周斌校友在工作

1999 年夏天，怀揣一颗激动的心，走进了当时嘉兴市区硬件规划最好的校园——嘉兴高级中学。那个时候，嘉高人都憋着一股劲，老师和学生都很拼，文明律己、担当责任。学做真人，为了心中的目标脚踏实地、勤奋拼搏、苦学真知，经过 3 年努力，我们这个班级在高考中取得了很不错的成绩：有 4 人考取浙江大学，2 人考取武汉大学，还有人考上海外国语大学、吉林大学、四川大学、中央民族大学、中南财经政法大学等众多名校，重点大学率超过了 50%。

2005 年 11 月，大四上半学期，我参加了嘉兴市电视广播集团的入职考试，非常幸运被录用。高中时美术老师带我们去观摩过的大楼成了我的单位，而且离嘉高近在咫尺；也正因此，母校对我们的谆谆教导常感怀于心，不敢有丝毫懈怠。上班后，读中文系的我从零基础起步学习传媒技术，扛机器、学摄像，然后是写稿子、剪片子等等，花费了比别人更多的时间和精力苦练基本功，在传媒业务上慢慢成了专业人士。

进入嘉兴市电视广播集团后，我被领导安排到了全嘉兴最出名的王牌栏目——《小新说事》。因为受关注，也需要更多付出。我们的热线很热，24 小时接听，经常深更半夜接到电话，睡眼惺忪爬起来往单位赶，领完机器、话筒再去现场。夏天的时候倒也能接受，到了冬天，那是需要毅力的。经过最初三五年的全方位历练，我逐渐崭露头角并成为业务骨干。

从 2011 年开始，我担任《小新说事》的责任编辑，开始改记者的稿子。做责编考验的不光是你的写作技巧，更多还是你知识面是否足够广阔。在一档千奇百怪、包罗万象的节目里，很多时候真的要上知天文下知地理，还要熟悉历史、政治、法律、金融等相关知识，不断去考证和学习。只有这样，才能排除记者们设下的一个个"雷"，才能把故事讲得引人入胜、感人肺腑、发人深省。所幸我还是个称职的责编。得益于嘉高时期饱览群书，尤其是文科方面成绩突出，我肚子里的"墨水"还够用，也为《小新说事》扩大影响力发挥了一定作用。

不积跬步，无以至千里。嘉高文明、勤奋、求实、创新的文化基因助力我的快速健康成长。离开《小新说事》后，我又先后在《嘉兴新闻》、音乐生活频率和禾点点运行中心工作，成为广电少数几个做过电视民生新闻、时政新闻、广播和新媒体的一线采编人员。岗位虽然频繁调动，但我的适应能力还算不错，而每一次调整都能学到更多东西，通过主动求变，自我革新，个人能力得到全面提升。

金周斌校友在新闻采访现场

走上社会后，很多时候比拼的不是智商，而是情商。格局要大，待人要真诚，处世要得体，要善于总结自身的不足并加以完善，也要有正确的人生观、价值观，不徇私利，甘于奉献。这也是嘉高"德正才优，卓越发展"育人目标的题中应有之义：以德为先，德才兼备。

离校 20 年了，倏忽已不惑。从 1999 年到 2002 年，充满回忆、充满激情的 3 年青葱岁月，为我们留下了宝贵的精神财富。回望来时路，我们从嘉高校园走出来，一步一个脚印，坚定而踏实。未来，我们仍会笃定前行，无惧风雨、不怕挑战，因为我们有坚强的后盾，这块盾，叫作"真"！

衷心祝贺母校即将廿五华诞，真诚祝福母校越办越辉煌！

2022 年 1 月 15 日

君子务本　上达致远

■ 沈　聪

校友简介

沈聪，1999 年 9 月进入嘉兴高级中学学习，2002 年 7 月于嘉兴高级中学毕业，同年 9 月作为国防生入读云南大学信息学院通信工程系。2006 年 6 月毕业后到武警某部服役，其间担任排长、参谋、政治指导员、办公室副主任等职。从戎九载，多次被评为优秀共产党员，荣立个人三等功。2015 年 11 月转业至洪合镇人民政府工作，担任人武干事、镇办公室副主任、镇办公室主任等职。2019 年 10 月任嘉兴市嘉秀发展投资控股集团有限公司党委委员、副总经理。

25 年风雨兼程，欣逢盛时青春如歌。几度秋移几轮星换，可叹时光老去，可叹鬓发更改，年华再拾旧曲重听，犹似当年书声里，凌云之志仍在怀。嘉高往昔历历：晨诵清朗唤起鸟啼宛转悠扬，笔尖流畅不见余晖溢彩流光，炙阳灼灼，香樟荟郁挡下一片课余荫凉，腊月霜白，抱书

沈聪校友带队在边疆

路上捡冰花两三亦觉乐趣无穷。

　　时常感念嘉高学习之趣，堆书成垛的教室、阳光斑驳的校园，图书馆里知识悄然流动，操场之上汗水淋漓，办公桌前老师教诲谆谆巧以解惑，讲台之下芳华少年蓬勃可爱共同奋进，时时处处让人在不断沉淀的时光里去忆想，去汲取力量。回想那时，邢川老师体魄健壮，勉励我们积极锻炼；姚庆傅老师苏南口音温和轻清，同我们探讨哲学与物理之间的辩证关系；班歌《相亲相爱一家人》的旋律，在朱娟英老师的领唱下，时隔多年仍似缭绕耳边；还有来自内蒙古的王学义老师，常与我们讲述他的故乡，我们便跟随他徜徉在大草原的优美风光，又陶醉于蘑菇

129

汤的浓郁奶香。跟着老师们学习之余，每天操练陈氏二十四式简化太极拳也是校园生活中的一大乐事，不能忘，健康有趣，积累了我们的"革命"本钱，得以让同学们晨起锻炼赶在鸡鸣之前，又夜学至寝室被窝只借着手电之光，勤奋学风，大抵是这样养成了……往事帧帧，随着我对嘉高的记忆一一翻涌。

学海之行趣无尽又乐无穷，如此这般，铺陈于成长成才的沃土中，无声滋养，待嘉木扬长。

20年时间荏苒而过，嘉高记忆逐渐远淡，嘉高给予的养分却是深沉宽厚、绵远流长。

自踏足纷繁辽阔的大世界，成人立世便成了深刻的、不容回避的主题。年及弱冠，心盛气锐，有着"男儿自当带吴钩，收取关山五十州"的鸿鹄之志，亦有"长风破浪会有时，直挂云帆济沧海"的豪放之气，自诩弘毅之士，渴望兼济天下。2006年6月，"胸怀保家卫国之志，投身国防建设事业"的我，参军入伍成了一名共和国警察。青年志壮，我，准备好以前辈光荣事迹所诠释的警察精神作为自己的人生标榜，准备好以矢志不渝的信念坚定选择奔赴理想，准备好以优秀警察的姿态完成国家和时代赋予的使命与担当。我自以为已经准备好了，但现实与理想的差距狠狠地给了我一个警告——永无止境的训练，"不近人情"的命令，难以想象的任务，遥遥无期又"与世隔绝"的封闭。多少苦痛咽进了肚子伴随了热情，多少汗水湿透了警服铸就了理想，其间的难，恐怕只有同样投身军伍的人才能切身体会。这是一番磨砺又是一番洗礼，经历过才明白自己选择的道路是荆棘坎坷亦是负重前行，不是脱口而出的抱负，也不是轻而易举的成功。"当兵'后悔'一阵子，不当兵后悔一辈子。"从嘉高的苗圃里走出，又经历部队这座大熔炉，锤炼了我不怕吃苦、敢于奉献、脚踏实地、精益求精的品质。我希望嘉高学子也可以明白，现实终不会所愿皆如意，张扬不羁横冲直撞之后，方知路漫漫其修远兮，修身正已然后齐家治国，个人成长才能报效国家。青年人怀揣抱负奔赴理想是时代幸事，切记脚踏实地、不务空名，才能不负幸运、追求卓越。

在此谨以个人成长建业往事略作分享，若能为我嘉高学子鞭策勉励之用，实是身为校友之荣幸。

君子务本，本立而道生——不忘初心

作为嘉兴人，出生在党的诞生地，成长于党的光辉下，对党总是怀揣特殊的感情。我于 2002 年 4 月光荣地加入了中国共产党，党员身份伴随着我至今。当时作为高三学生的我既自豪又深感责任重大，从此将党恩怀于少年心胸，于是照亮了我人生无数的路口，对我人生的发展起到了至关重要的作用。无论在大学求学时期，还是在参军入伍期间，及至回到地方参与经济建设，始终有一条信念：不忘初心，方得始终。南湖是党的初心地，而嘉高是我的初心地。自入嘉高来，校训"真"时刻鞭策着我，我努力争取"今天我以嘉高为荣，明天嘉高以我为荣"；而中国共产党人的初心和使命，就是为中国人民谋幸福，为中华民族谋复兴，我一并牢牢铭记，因此工作中无论遇到多大困难，人生道路上遇到

131

多大坎坷，我都会勇往向前！

2009 年边疆发生重大情况后，我随部队奔赴边疆参与处突维稳任务，主动要求到条件最艰苦、工作岗位最危险的公路卡点担负设卡任务，公路卡点地处中国最大的沙漠腹地，气候恶劣，沙尘暴时有发生。在设卡的 2 个月时间内，带领全排官兵克服沙漠环境的恶劣条件，与狡猾的犯罪分子斗智斗勇，圆满完成上级赋予的任务。共排查车辆 8 万余辆，抓获嫌疑人、涉毒人员、持刀行凶者，还救治受伤群众，得到了部队和当地群众的一致好评，因此我也荣立个人三等功。

2016 年 11 月任嘉兴市秀洲区洪合镇党政办副主任全面主持工作，同时兼任人武部干事、人大干事，我亦欣然接受调动，无所抱怨。无论在部队还是在地方，无论领兵完成任务还是履行行政职责，我始终坚持

沈聪校友在边陲大漠卡点执勤

着"革命军人是块砖，哪里需要哪里搬"，本着一名党员的初心，本着一名军人的初心，自觉服从组织安排。在外漂泊多年，如今，我已回到嘉兴这片故土，党的初心不变，我的初心不变。我将始终秉承嘉高求真务实、脚踏实地的精神，守护本心，成为故乡建设者，当好红船护旗手。

下学上达，任重而道远——践行初心

嘉高给我留下了追求卓越的基因，部队锤炼了我精益求精的作风。2006 年 7 月刚到部队报到，军事素质与一名现役军人的要求有所差距。记得第一次全连组织武装 5 公里拉练，正值夏日炎炎，作为排长的我站在全排第一的位置起跑。惭愧的是，带着引领大家的决心，却慢慢被战士们追赶上，在意志力的驱动下咬紧牙关，最后仍只是超越了几名年纪较长的老班长。作为军人，无人不骁勇，无人不威猛，很快我便认识到，若我的军事素质不够格，在军队将难以服众。全面提升自己军事素质的意念遂在心里扎下了根，我将带着从军的初心，实践到我部队生活的每一日中，成为标杆，践行理想。之后，我参与到了战士们每天跑 5 公里、冲山坡、做器械、练体能等等训练中，军事考核每年总评都达良好以上；与战士们一起扛枪，一起站岗，一起下地种菜，一起掏粪施肥，渐渐地与大家融入一起，亦实现了自己的担当。

大学生干部在部队，虽然在枪杆子方面有短板，但在笔杆子方面却有优势——我最擅长的，就是参谋作战标图。所谓作战标图，就如战争片电影中在地图上标绘红、蓝双方进攻防御部署图。初次接触时，也是我代表整个团参加全师参谋集训。集训 2 个多月时间，我以"见红旗就扛，见第一就争"的精神，通背了 6 大本军事教材，标绘了近 100 份战术标图，光红蓝铅笔就用掉了 2 盒，平均每天睡眠不足 4 小时，集训结束整整轻了 9 斤。是勤奋的学习，也是不屈的意志，还有坚定的信念，让我连续两年在全师参谋业务比武中荣获第一名，因此被调到师机关工作，还多次被派往某集团军进行业务交流学习。秉持着这份勤勉上进、金石可镂的实践之心，在后来洪合镇人民政府工作期间我依然兢兢业业，扎实做好本职工作。作为镇党委、政府的文秘工作者，我经常加班加点，3 年时间起草各类文件、方案、讲话稿等材料 280 余篇，组织各类大小会议 450 余场次，每次会议都做到亲力亲为，不留下任何纰漏。15 年的工作历程，告诉我一个道理：在其位就要谋其政，你以什么样的态度对待工作，工作就会以什么样的结果回报给你。无论处于什么岗位，也无论能力高与低，勤奋、务实、敬业，都是一个职场人所应该具备的最基本的职业操守。这不仅是对工作的尊重，更是对自己的尊重。我始终怀揣着一名党员的热忱，坚守着一名军人的信念，将理论付诸实践，将初心放进行动，做好每一件小事，然后小事方能做大做好。唯有如此，才能肩负起人民厚重的期望，走向远方，开拓未来。

作为嘉高校友，我深信我们嘉高的莘莘学子一定会脚踏实地，仰望星空，博学以文，志存高远。所谓欲善其事，先利其器，学习进取是打磨利器的根本，务实求真是利器所成的关键，成才路上，博学不穷，笃行不倦。端而虚，勉而一，求真知，做正事，扬嘉木之正气，成民族之脊梁。

　　青年人是时代责任的担当者，被赋予了时代的使命，被寄予了热忱的期望，而学校是青年人整装待发的港湾，梦想将从这里起航。春华无数，秋实累累，皆是学校辛劳耕耘所造就，生命光鲜，在学校的润养之下愈显明亮。嘉高建校近 25 年了，这些年来母校培育了一批又一批"德正才优"的嘉高人，今日赤诚稚子，他日玲珑瑾瑜，带着独有的光芒和能量，星火燎原。身在其中，甚感荣耀！

　　在嘉高即将迎来建校 25 周年华诞之际，有感于嘉高栽培之恩，怀恋青葱之年学习经历，心系学子芸芸待成栋梁，以此文献予母校，愿嘉高栉风沐雨不减傲人风华，群星灿烂遍满九州四方。

2022 年 1 月 1 日

烛光璀璨辉千载　救死扶伤见仁心

■ 张学萍

校友简介

张学萍，2000 年进入嘉兴高级中学学习，2003 年毕业于嘉
兴高级中学，2007 年湖州师范学院医学院护理本科毕业，以
优异的成绩进入嘉兴市第二医院工作，工作 14 年来先后在心
胸、肿瘤外科、ICU、康复科、血管外科、心内科工作。现担
任嘉兴市第二医院心内科护士长、心内科青年文明号号长，获
2019—2020 年度浙江省先进护士、嘉兴市优秀共产党员、嘉
兴市抗击新冠肺炎疫情先进个人、优秀党员志愿者等荣誉。

2020 年 4 月，武汉新冠肺炎疫情基本控制，我作为浙江省第三批
援鄂医疗队的一员安全返回嘉兴，受到省、市领导和医院同人的热情迎
接，同时我还收到了一封来自母校的邀请函，邀请我到母校分享抗疫故
事，弘扬抗疫精神。

收到邀请函的那刻，我感到十分荣幸，脑海里浮现出了在母校求学

时的点点滴滴，尤其是经常路过的校园中央花坛里那块刻写着的校训"真"的石头，它时刻告诫着我学习要真，做人也要真。在学校，它就是我的无言之师，指引着我勤勤恳恳付出，踏踏实实学习。在母校，我只是当时数百名学生中再平凡不过的一员，但母校教会了我如何做最真实的自己，做最真实的学问。

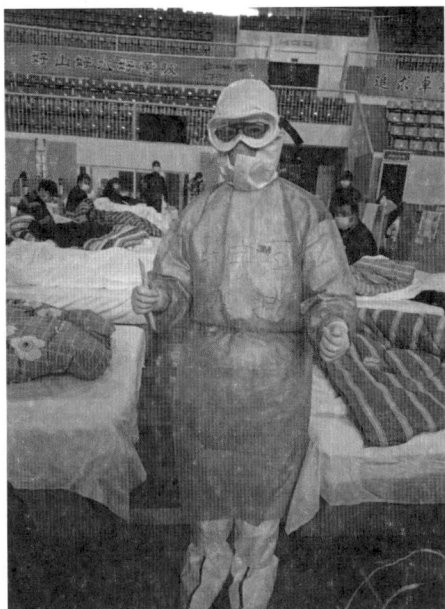

张学萍校友作为浙江省第三批抗击新冠肺炎援鄂医疗队队员，在武汉黄陂方舱医院工作留影

2020 年，我支援武汉回来后，一直有人问我为什么会那么勇敢地冲锋向前？我想说这就是嘉高给我留下的文化基因。记得 2003 年 SARS 病毒疫情期间，我正处在高考前期，那时候我作为学生，没有手机、网络、电视，我们从老师的描述中得知疫情肆虐的信息；从学校食堂每天早晨提供的一颗颗醋大蒜，从教室里的熏醋，从每天的体温检测中感知到疫情防控的严峻性；也从老师的口中得知医护人员不畏艰险、主动出征支援的优秀事迹，我暗自下定决心投身医学事业，帮助更多的人解除疾病的痛苦。

2003 年，我考入湖州师范学院医学院护理专业。在四年的大学生活中，我始终用嘉高母校尊师、求真、勤奋、多思的学风要求自己，秉持着勤奋、求真的学习态度，严肃认真地对待每一门基础学科的学习，熟练掌握每一项技能，练就一番"真"本领。

参加工作以后，我发现医学不仅需要扎实、高超的医术，更需要高尚的医德，这正是嘉高"德正才优"的教育。一所有温度的学校，一位有温度的老师给予我的不只是知识的传播，还有意志品质和高尚人格的培养。高一的时候，由于父亲身体不好，家里发生了很大的变故。在那个最困难的时刻，是学校，是班主任给予我很大的支持和帮助，范侠老师更是一次次找我谈心，给我鼓励和关心，使我战胜了生活的苦难，坚定了继续求学的信念。这份感激之情深深烙印在我心中，我深信"赠人玫瑰，手有余香"，毕业以后，我牢记这份恩情，不论是在大学还是参加工作，我都尽自己所能，积极参加志愿服务，做义工，帮助需要帮助的人，"爱出者爱返，福往者福来"，在帮助到他们的同时，我也感觉到十分满足。

"务实""责任"，母校老师们兢兢业业的工作态度也对我的职业生涯产生了深远的影响。由此在工作中，在看到病人受病痛折磨时，我总比别人更能感同身受。

"救死扶伤，治病救人"是医疗工作者的职责所在，也是社会文明的重要组成部分。在

张学萍校友作为浙江省第三批抗击新冠肺炎援鄂医疗队队员结束武汉袁家台医院工作后留影

长期的一线护理工作中，我始终坚持热情接待每一名患者，坚持用工作回报社会，把爱心捧给患者，保证了各项工作的正常开展和质量把控。

2020年初，武汉疫情日趋严重，医院发出支援武汉报名时，我第一反应就是我要去报名，这不就是当年我选择医学的原因之一吗？种子发芽虽在一瞬间，但这是基于十多年来的积累，更是母校给予我的信念使然。由于我有多科室护理工作的经验，我非常荣幸被医院确定为浙江省第三批援鄂队员，践行医护人员救死扶伤的初衷。在援鄂期间，我得到了

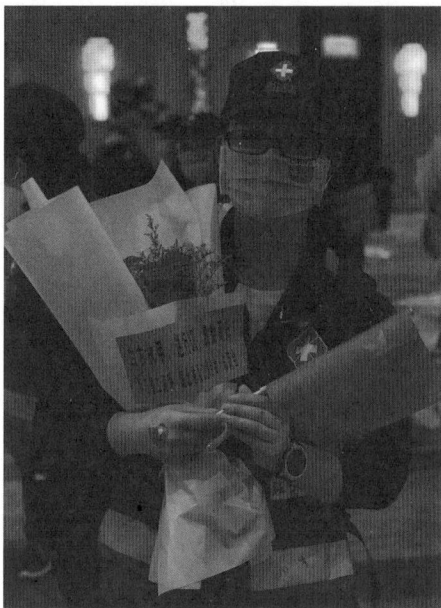

张学萍校友作为浙江省第三批抗击新冠肺炎援鄂医疗队队员离开武汉当天留影

嘉高领导和很多老师、同学的关心、叮嘱和支持，也经常回忆起高三那年大家一起抗击SARS的场面，备感鼓舞。作为一名护士，我的职责就是服从组织安排，尽快熟悉工作场所，在对新冠感染患者给予药物治疗的同时，更给予他们生活及心理上的细心照护，帮助他们树立战胜疾病的信心，体现一名普通护理人员的细心、耐心和责任心；同时我还必须很好地保障组内工作的开展，提供组内人员工作、生活、心理等各方面的协调和支持，协调并参与组间工作流程及制度的制定、执行和整改，帮助队员树立抗击疫情、战胜疫情的信心，让大家在辛苦工作之余感受

到团队的力量和温暖。在工作中，虽然时刻需要忍受生理和心理上的不适感，虽然时刻面临着遭受感染的风险，但我依然通过自己的不懈努力，换取了患者和队友们的肯定与赞赏！这一段艰苦卓绝的经历，也是我职业生涯中最宝贵的一笔精神财富。

　　一转眼，从母校毕业已 19 年。这些年来，一刻都不曾忘记母校对我的培养和呵护；这些年来，我们大家一起见证了母校从办学之初的艰辛到如今成为禾城高中教育的一面旗帜，深感自豪。祝贺我的母校将要迎来二十五周年华诞，祝福我的母校能赓续百年初心，担当育人使命，从辉煌走向辉煌！

2022 年 1 月 8 日

德正才优担重任　卓越发展谱新篇

■ 张　彬

校友简介

张彬，2001 年进入嘉兴高级中学学习，2004 年嘉兴高级中学

毕业，同年进入杭州电子科技大学学习，2008 年大学毕业参

加工作。曾任共青团嘉兴市秀洲区委员会副书记、党组成员，

秀洲区新城街道党工委副书记，共青团嘉兴市秀洲区委员会书

张彬校友在嘉兴市秀洲区纪念五四运动 99 周年大会上演讲

记、党组书记，秀洲区新城街道党工委副书记、办事处主任，秀洲区新城街道党工委书记，现任嘉兴市秀洲区人民政府副区长、新城街道党工委书记。先后被评为浙江省优秀共青团干部、嘉兴市"三改一拆"工作先进个人、嘉兴市服务保障重大活动先进个人、嘉兴市秀洲区党建工作先进个人、嘉兴市秀洲区综治工作先进个人、嘉兴市秀洲区抗击新冠肺炎疫情先进个人等。

　　十年树木，百年树人，岁月如歌，青春如虹。虽然我已离开嘉高母校十几年了，但嘉高母校永远是我生命中最珍贵的青春记忆，每每回想起当年母校的温暖关怀、老师的谆谆教诲、同学的亲密无间，不觉萦绕于怀，历久弥新。

　　我非常高兴地看到年轻的莘莘学子选择了嘉兴高级中学，你们的到来为母校注入了新鲜血液，亲爱的学弟、学妹，三年的生活也许短暂，但能做的事却有许多。我相信每一位同学都渴望成功，然而成功不会像路边的落叶，可以信手拈来。学习需要勤奋，勤奋是做任何事的前提，同时学习也是有方法、规律、原则的。在此分享三点：第一，白天要保证充沛的精力，晚上不熬夜。课上十分钟，课下十年功，老师讲课的时间是任何时段都不能替代的，优异的成绩只属于那些精力充沛、上课认真听讲的同学；晚上努力到半夜，上课眼皮打架，下课倒头便睡是得不偿失的。第二，保持注意力集中，不敷衍，不拖沓。同样的事，全神贯注的人只花 20 分钟完成，注意力分散的人花两个小时可能才做到一半，精力集中才能保证学习效率。第三，多思考，多总结，找原因，找方法。记不住单词，可以随身携带笔记本记背，做不出题目，可以问老师、同学，想想为什么这样做，下次遇到同类的题目能不能用同样的方法，思考总结后你会发现，做题就这么简单。

母校让我们学会了对人生的思考和探索，学会了感恩和铭记，也学会了努力和奉献，"爱校奉献、务实责任、科学创新、追求卓越"的嘉高精神；让我们懂得在人的一生中，要有所建树，就必须内外兼修，必须具有高尚的品德、坚强的意志和广博的学识。

永葆"俯首甘为孺子牛"的奉献姿态，提升无我境界

"我将无我，不负人民"是习近平总书记浓浓的为民情怀，也激励着当代青年为实现党和人民的伟大事业忘我付出、甘于奉献。2018 年，我在"社情民意大走访、'八八战略'大宣讲、思想观念大解放"活动期间，走村入户，深入基层，收集社情民意，梳理社会矛盾、化解信访积案、办理民生实事，在基层的奉献让我体会到了重重的价值感和获得感。2020 年，我履新新城街道党工委书记，更感受到肩头担子的沉重，正值新冠肺炎疫情肆虐，我们动员全体党员干部步调一致、坚守阵地，很多企业群众也加入进来，放弃休假，无私地筑起防御病毒的屏障，打了一场漂亮的疫情防控保卫战，切实保护了人民群众生命财产安全。年轻一代要深刻领悟"奉献"二字的真谛，发扬奉献精神，作为一名学生

要树立远大理想，把"小我"融入"大我"里，要勤学好问，不断积累科学文化知识，不负师恩、不负青春；作为一名岗位上的工作者要倾情投入、全力付出，始终做到心中有民、使命在肩，牢固树立"人民至上"的崇高理念，以"无我"的奉献意识在为民的道路上行稳致远。

永葆"君子耻其言而过其行"的务实姿态，彰显责任担当在真抓实干、埋头苦干中擦亮"干"字成色，在攻坚克难、顽强拼搏中彰显奋斗精神，在"急、难、险、重"任务中勇于担责。近年来，新城街道狠抓垃圾分类工作，在嘉兴市本级率先实施"以桶换桶"清运模式改革，彻底变革传统清运方式，得到嘉兴市委书记张兵同志的批示肯定、现场点赞，并作为浙江省唯一案例入选人民网报道，分类经验作为省改革办《竞跑者》典型案例，浙江卫视中国蓝、学习强国等媒体也相继报道先进做法。实干担当就是要"想作为、敢作为、善作为"，不仅能着眼小事，更能解决难事。2021年起我履新秀洲区政府副区长，负责经济和信息化、科技等方面工作，秀洲工业经济一直面临体量小、底子薄等问题，全区上下狠抓产业提升、推动转型升级，一方面做强做大光伏等特色产业，2021年全区光伏企业产值有望突破200亿元，全区规上工业产值有望突破900亿元；另一方面，大力腾退"低散乱污"企业，把有限的土地、能耗、排污权等发展要素汇聚到优质企业中去，推动区域经济高质量发展。年轻一代要发扬务实精神，从小树立做事求实、做人求真的正确理念，并把这种求实求真的理念应用到学习中去；要坚实工作作风，脚踏实地，实事求是，找准业务提升的重点、关键点和突破点，干出特色、干出成效、干出表率。

永葆"恰同学少年，风华正茂"的进取姿态，
不断追求卓越

学生时代，有老师指点，有同学切磋，有浩瀚的书籍引路，可以心无旁骛地求知问学。进入工作岗位，依然保持激情与热情，学习不松懈，工作不懈怠，追求卓越不停歇，始终保持"路漫漫其修远兮，吾将上下而求索"的奋进姿态。在新城街道工作3年来，和街道上下排难而上、携手共进，推动街道蝶变跃升。追求城市品质上持续改善，扎实推进"污水零直排区"创建工作，将水环境治理由治标向治本转变，全面提升水环境质量；高标准落实老旧小区改造工作，率先在全市层面开展政府推进既有住宅加装电梯工作，试点做法为全市面上推进加梯工作提供了"新城样板"。在秀洲区政府任职的半年来，重视科技赋能产业，加强校地合作。全力推进浙江大学嘉兴研究院、南方科技大学嘉兴研究院、嘉兴未来食品研究院等新型研发机构落地生根，对接朱永官院士、陈十一院士、陈坚院士等学界大咖为秀洲发展贡献力量，不断引进高端人才助力区域发展。回忆工作中的点滴业绩，无不镌刻着对自己严格要求、对事情追求卓越的嘉高精神，唯有不断进取，才能回应居民群众新期待，在为民服务、为民办事中不断深化为民情怀。年轻一代要从小树立远大志向，把立志与进取作为不变的初心，初心不改，笃行致远。

建校25个春秋，嘉兴高级中学在教育教学和其他各项工作中都取得了新突破、新进展，孕育了具有鲜明特色的"文明、勤奋、求实、创

新"的校风，"爱生、协作、精业、善导"的教风，"尊师、求真、勤奋、多思"的学风，这些成绩足以让全校师生和所有关心学校发展的校友感到骄傲和自豪。如今，校园变美了，条件变好了，同学们更精神了。但有几样东西仍没有变：那就是母校严谨的校风没变，母校争创一流的气魄没变，母校赋予每个学子的情怀没变。祝愿一代代学子满载母校赋予的精神和力量奔赴各行各业，显示出青春的朝气，奏响时代强音；祝愿母校继续秉持"嘉木扬长、高德归真"的教育理念，做真教育，育真人才，蓬勃发展，再创辉煌！

2022 年 1 月 5 日

从嘉高走向中国大飞机研制

■ 张振伟

校友简介

张振伟，2001 年进入嘉兴高级中学学习，2004 年嘉兴高级中学毕业，2004 年 9 月至 2011 年 3 月就读于南京航空航天大学飞行器设计专业，获得学士、硕士学位，2011 年 4 月入职中国商用飞机有限责任公司上海飞机设计研究院，中共党员，

张振伟校友带领试验科目团队，在试验基地稳步推进 C919 飞机的试飞取证工作

高级工程师，历任总体气动部设计员、工程师、室主任、飞机架构集成工程技术所党政办公室副主任、飞机集成部副部长兼党支部副书记，现任上海飞机设计研究院环境集成部副部长兼党支部副书记。曾获中国商飞公司"闪光党员"、中国商飞公司"十大青年质量安全标兵"、上海飞机设计研究院"优秀党务工作者"、上海飞机设计研究院"优秀年轻干部"、上海飞机设计研究院"科技成果一等奖"、中国商飞公司"科技成果三等奖"等荣誉。

2001年8月至2004年6月，是我在嘉高求学的三年，嘉高的一草一木、一情一景都已成为我永远美好的记忆，熟悉的教学楼、宽敞的食堂、喧闹的运动场，还有亲切的老师、可爱的同学，太多太多……依然记得那年炎热的八月，我提着厚重的行李踏进嘉高参加军训，从此我在嘉高度过了三个炎热的夏、凉爽的秋、寒冷的冬和温暖的春；一千个拼搏奋斗的清晨，一千个挑灯夜读的晚上，一次次的收获和微笑，一次次的辛苦和汗水，一路走来，有太多的感动和难忘，回首想来，百感交集！

今天，我已在中国大飞机制造领域贡献自己的一份力量，深知我们迫切需要自己掌握核心技术才能使祖国真正强大，这里我想借用"民用飞机环境集成设计"的话题，以启示我们今天一定要学好文化、扎实知识、勇于创新，为实现中华民族伟大复兴的中国梦而努力！

民用飞机环境工程概述

随着我国民用航空工业的蓬勃发展，越来越多的民用飞机型号走出国门，面对来自世界各地的挑战。这样的挑战有商业上的，也有技术上的，其中很重要的一项就是运行环境的挑战，即在中国塔里木盆地沙漠气候下运行的飞机与在东南亚海洋性气候运行的相比，其设计构型、运行条件和关注的要素均会不同，我们将针对环境集成设计对飞机影响的研究称为民用飞机环境工程。

美军标 MIL–STD–810H 将环境工程定义为"研究各类环境参数对产品功能影响的一门工程学科"，而我国军标 GJB 4239 对环境工程这样定义："将各种科学技术和工程实践用于减缓各种环境对装备效能影响或提高装备耐环境能力的学科。"可以看出国际和国内标准在产品环境工程上阐述的是同一含义。民机环境工程涵盖了环境工程管理、环境分析、环境适应性设计和环境试验与评价等内容，其关系到产品在特定环境下的运行功能、性能和使用寿命，是产品研制中必须考虑的环节。但是"民机环境工程"还有另一层意思，就是从环保性出发，研究人类生产制造活动对地球生态环境影响的学科，主要研究内容是环境污染的测量和控制、环境保护和环境治理，与本文所谓的环境工程是不同的概念。这里所讲的是飞机或其他产品受其所处运行环境影响的研究，或者环境工程本就是研究环境与产品双向影响的工程学科。

环境因素种类多种多样，按照产生的原因可分为自然环境和诱导环境。自然环境主要指自然界形成的直接对飞机产生作用的环境参数，如温度、压力、降水、侧风、沙尘、腐蚀性盐雾等，而诱导环境是指人类活动或设备运转所产生的环境参数，如噪声、振动、电磁、散热等。本文主要针对上述环境因素讨论其在民用飞机设计与试验中的实践，研究和探索环境工程学科在民用航空制造业中的应用。

民用飞机环境集成设计与验证

环境因素在飞机设计中的体现关联多个物理学科，如力学、热力学、电磁学等，每个方向又有其独特的理论基础和应用实践，在民用飞机设计中统筹综合环境集成设计存在较大难度，因此民用飞机研制的实践中将飞机环境设计分解为飞机级、部段级、系统级、设备级乃至材料级，按照 SAE-ARP-4754A 的系统工程原理，分层级开展设计工作。

飞机级的环境设计主要考虑民用飞机的市场目标，分析飞机将面对的运营环境极值，其中环境的要素主要针对自然环境，如温度、压力、腐蚀、闪电等，从市场要求的角度考虑飞机运行的地理位置、高度层、气候条件等，制订出民用飞机针对各类环境的包线范围，制订飞机级环境设计需求。

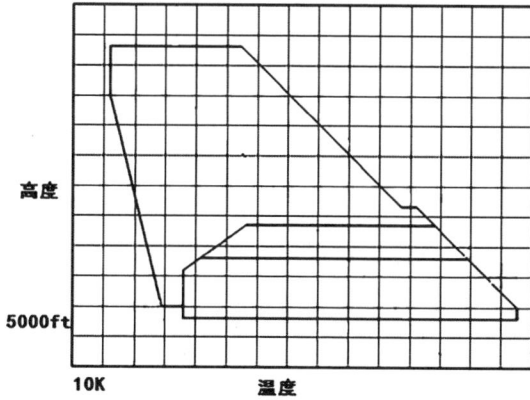

图 1 典型民用飞机温度包线

部段级的环境设计又称作区域环境设计，其核心原理是将飞机按照各个舱室独立考虑各个区域的环境。此层级的设计过程中大量依靠各类环境的仿真方法，如基于空气动力学的温度场仿真模型、声振耦合的统计能量模型、高强度电磁辐射场的仿真模型及多相流复杂多物理场仿真等，充分分析飞机级环境设计要求对部段级的环境影响，并统筹分析舱室安全性和舒适性及下层级设备环境适应性和可靠性后，制订出部段级的环境设计方案，其中主要针对结构防护和材料、系统功能和性能及区域总体布置制订满足部段级环境设计要求的解决方案。例如飞机的舱内噪声分析模型，当前民用飞机设计中主要采用统计能量仿真模型，综合考虑结构声疲劳、客舱舒适性及机载设备声环境要求等因素，制订出部段级舱内噪声设计目标，根据所发展的统计能量法模型，确定发动机噪声、气动噪声、环控和液压系统噪声设计要求，并且针对结构和内饰隔声量、系统布置等制订系统级设计方案，以确保部段级的区域环境一方面符合飞机级的要求，另一方面在下游设计过程中可以实现。

系统级的环境设计主要承接部段级所提出的设计要求，在结构和系统设计中进行落实，如结构防护设计、环控系统通风量、EWIS 管路电搭接等，此层级的环境设计工作目标是将上一级的方案落实，如设计出图纸，确保区域环境设计目标得以满足。以全机防火为例，在部段级进行了指定火区、临近火区、易燃液体泄漏区划分，并且在各个区域分别就材料、布置、隔离、通风、排液等制订了设计方案，在系统级对上述方案进行落实，如耐高温材料的选用、防火系统布置、结构防火墙设计、吊挂通风以及液压系统泄漏源的设计等，确保区域环境符合要求。

设备级的环境设计主要是要求设备满足其布置区域的环境适应性和可靠性，其主要的含义是在设备所处的环境下应能正常工作且满足可靠性的要求。在民用航空的最佳实践中 RTCA/DO-160 是美国 FAA 和欧洲 EASA 均推荐的民用飞机设备环境适应性设计和验证的标准，在当前我们民用飞机环境设计中，在设备层级也是依据此标准开展设计与试验验证，此部分详细内容在下一章节展开讨论。

因此，按照民用飞机系统工程工作思路，将民用飞机环境设计从飞机级分解至设备级，将设计过程自上而下落实，再自下而上开展各个层级的验证活动。设备级的环境验证可采用 RTCA/DO-160 开展，事实上在民用飞机研制的各个层级均有相关标准进行指导，详细情况见表 1 所示。

上述标准是民用飞机环境验证中在设备级、系统级和飞机级主要采用的标准，但并不是验证活动中的全部工作。如全机温度场试飞验证、全机防火试验验证等并未有标准指导验证活动开展，进而表 1 中展示了部分民用飞机研制中环境验证的工作依据。

表 1 设备级、系统级和飞机级环境验证标准

No.	标准分类		设备级	系统级	飞机级	备注
1	国际标准	非航空标准	IEC 60068 Environmental Testing			国际标准一般是 ISO、IEC、ITU 三大国际组织发布的标准
2		航空标准	ISO 7137 Aircraft - Environmental Conditions and Test Procedures for Airborne Equipment	ISO 2685 Aircraft - Environmental Test Procedure for Airborne Equipment - Resistance to Fire in Designated Fire Zones	SAE AIR 1954A Heat Sink Thermal Management	
			ISO 2669 Environmental Tests for Aircraft Equipment - Steady-State Acceleration		SAE AIR 1609A Aircraft Humidification	
3	美国标准	民用标准	RTCA DO-160G Environmental Conditions and Test Procedures for Airborne Equipment	SAE ARP60493 Guide to Civil Aircraft Electromagnetic Compatibility(EMC)		
				SAE ARP5583A Guide to Certification of Aircraft in a High-Intensity Radiated Field (HIRF) Environment		
				SAE ARP5412B Aircraft Lightning Environment and Related Test Waveforms		
				SAE ARP5414B Aircraft Lightning Zone		
				SAE ARP5415A User's Manual for Certification of Aircraft Electrical/Electronic Systems for the Indirect Effects of Lightning		
				SAE ARP5416A Aircraft Lightning Test Methods		
				SAE ARP5577 Aircraft Lightning Direct Effects Certification		
4		军用标准	MIL-STD-810H ENVIRONMENTAL ENGINEERING CONSIDERATIONS AND LABORATORY TESTS	MIL-STD-464 ELECTROMAGNETIC ENVIRONMENTAL EFFECTS REQUIREMENTS FOR SYSTEMS		
			MIL-STD-704F AIRCRAFT ELECTRIC POWER CHARACTERISTICS			
			MIL-STD-461G REQUIREMENTS FOR THE CONTROL OF ELECTROMAGNETIC INTERFERENCE CHARACTERISTICS OF SUBSYSTEMS AND EQUIPMENT			
5	中国标准	民用标准	HB 6167-2014《民用飞机机载设备环境条件和试验方法》（采用 DO-160F，有增删裁剪）		GB/T 20248-2006 飞行中飞机舱内声压级的测量	
			GB/T 2421-2423 系列环境试验标准（等同采用 IEC60068 系列标准）			
		军用标准	GJB 150A-2009《军用装备实验室环境试验方法》	GJB 8848-2016《系统电磁环境效应试验方法》	HB 6129-87《飞机雷电防护要求及试验方法》	
			GJB 181B-2012《飞机供电特性》	GJB 1389A-2005《系统电磁兼容性要求》	GJB 2639-96《军用飞机雷电防护》	
			GJB 899A-2009《可靠性鉴定和验收试验》			
6			GJB 151B-2013《军用设备和分系统电磁发射和敏感度要求和测量》		GJB 3567-99《军用飞机雷电防护鉴定试验方法》	

注：根据本人收集情况汇总，表格内容可能不完整

机载设备的环境适应性与可靠性

在前面已经提到民用飞机环境设计与验证中在设备级的环境设计与验证中需要考虑环境适应性和可靠性，在民用飞机的设计中，通常按照

设备所处区域或位置的情况定义其环境极值条件和常规运行下周期性的环境应力，确保设备在上述条件下可以正常使用且满足可靠性要求，即对设备的环境适应性和可靠性做出规定。

环境适应性是指产品在其寿命期预计可能遇到的各种环境的作用下能实现其所有预定功能、性能和不被破坏的能力。从民用飞机适航的角度，设备环境适应性是确保飞机使用过程中设备的功能和性能正常的重要属性，是飞机安全性的重要保证。为了确保民用飞机系统设备在预期环境下可以正常工作且满足性能要求，CCAR25 部第 25.1309 条、第 25.1431 条、第 25.1435 条中均要求相关设备满足环境适应性，而 FAA 与 EASA 分别在其 AC-21-16G 和 CS-25 第 17 修正案中均建议主制造商和设备供应商按照 RTCA/DO-160 开展设备环境适应性设计与验证工作，因此民用飞机研制中 RTCA/DO-160 标准在设备环境设计与验证中扮演重要的角色。

RTCA/DO-160 是由美国航空无线电技术委员会组织编制的一项专门应对机载设备环境的标准规范，其定义了一系列机载设备的最低的标准环境条件（类别）和适用的试验程序。这些试验其目的是提供一种实验室方式确定机载设备在机上工作期间可能遇到的具有代表性的环境条件中的性能特性。这里所述的具有代表性的环境条件，即是设备所处环境的极值条件，在民用飞机设计实践中，通常按照部段级制订各个区域的环境极值条件，并以此为依据按照 RTCA/DO-160 中各个环境的情况制定所处该区域的设备应满足的环境等级。

RTCA/DO-160 不仅为主机制造商提供了一份对机载设备环境适

应性评估的标准，也为系统设备制造商提供了设计依据，系统设备制造商甚至可以通过 TSO 标准中环境条件与 RTCA/DO-160 的差异评估，来替换 TSO 中指定的相应的环境条件和验证程序。但也需要指出 RTCA/DO-160 仅适用于机载设备，对于管路、线缆、连接件等标准件和非标准件不再适应。并且民用飞机设计中额外的环境条件（类别）需要某些机载设备进行评估，这些试验在 RTCA DO-160G 中没有包括在内，如风车振动、恒定加速度、声环境等。

RTCA/DO-160 主要提供了机载设备环境适应性的解决方案，但其标准中明确提到，设备的使用寿命与环境条件下的设备性能无关，因此也可以明确机载设备的可靠性验证中的综合环境条件需要采用别的方法给出。在民用飞机设计中，应用于可靠性验证的环境条件被称作环境应力谱，通常是表征飞机在正常运行时的温度、湿度、振动、压力等环境条件周期性作用于设备时，对设备可靠性的影响。相较于围绕环境适应性所开展的环境试验，环境应力谱较为温和且作为时间更长。民用飞机设计中的环境应力谱的制定是按照飞机运行的典型气候和剖面，考虑单一或规律性的飞行架次下各类环境的综合结果，以此作为设备可靠性验证的输入，同时环境应力谱也可用于结构腐蚀的 CASS 加速试验。

结　语

这篇短文针对民用飞机设计与验证过程中的环境工程问题展开探讨，对从飞机级、系统级再到设备级的设计与试验验证过程和方法做了简单的论述，针对各个层级在民用飞机研制活动中所应开展的工作进行了讨论，可对后续民用飞机环境设计和验证提供借鉴。

当前民用飞机环境工程发展的最大短板是缺少环境运行数据的支撑。环境工程很大程度上是建立在数据上的一门学科，无论是产品环境适应性还是可靠性均依托于数据的累计，我国民用飞机产业发展较晚，当前环境条件和产品样本数据的积累较航空发达国家差距较大，以至于在民用飞机环境工程中还不足以提出具有自主鲜明设计特色的设计标准，我们还任重道远！

话今忆昔，我现在有机会为中国大飞机事业贡献自己的一份力量，这离不开当年嘉高求"真"校训的基因、严谨务实的作风、勤奋好学的学风、优良的校风给予我的熏陶及影响；嘉高是我梦想的起源地，开启了我人生的新起点，为我后续求学和职业生涯奠定了良好的基础。

感谢嘉高的各位领导和老师在我求学期间给予我的无私关怀及帮助，感谢我当年班主任张旭宁老师和李国平老师给予我的悉心指导及引导，感谢我在嘉高期间陪伴、支持和帮助过我的人。他们所带给我的感动与温暖，是我最珍贵的精神财富！

我与嘉高结下了终生的缘分，感谢嘉高——我永远的精神家园！

廿五韶华，最忆嘉高！

2022 年 1 月 6 日

知行合一

■ 应天平

校友简介

应天平，2003 年进入嘉兴高级中学学习，2006 年考入浙江理工大学，于 2010 年毕业，同年考取中国科学院物理研究所硕博连读，2015 年获博士学位；后在复旦大学和日本东京工业大学做博士后研究。2021 年回国，入职中国科学院物理研究所，任

应天平校友——不到长城非好汉

特聘研究员，博士生导师。在科研上取得了以下成绩：一是首创室温制备超导体新方法，探索出多种 Tc 超越麦克米兰极限的新型铁基超导体，引领国际上低温溶剂热方法探索新超导体的热潮；二是首次提出高熵二维层状化合物的概念，成功获得一系列具有潜在应用价值的全新材料体系；三是发展高精度固态离子栅压技术，率先实现 FeSe 体相载流子的连续调控，揭

示其完整超导相图；四是利用"关联空位"探索新结构，发现首个以"空位序"为母体的新型超导体。目前的研究方向：一是新型演生量子材料（Emergent Quantum Materials）的设计、探索与制备；二是非常规超导体等关联电子材料的多自由度物态调控；三是新型二维层状材料的输运研究。曾先后在攻读博士学位期间获中国科学院物理所所长优秀奖一次、所长表彰奖两次，国家奖学金，中国科学院三好学生，中国科学院大学优秀毕业生，北京市普通高等学校优秀毕业生，美国超导公司奖学金；攻读博士后期间，获得"希德博士后"称号，人工微结构科学与技术协同创新中心优秀博士后；获中国博士后科学基金特别资助；2021 年入选中国科学院百人计划。

2003 年来嘉高报到注册的第一天，学校周边还比较冷清，是大片的菜地和一些塑料大棚。教学楼中间的花坛里立着一座陶行知的塑像，座下刻着"知行合一"四个字。我仔细看了好一会，并没有理解它的深意，未曾想接下来高中三年潜移默化建立起来的一些习惯和价值观很大程度上影响着我未来的发展。

不知道学弟学妹开学第一天在班级做自我介绍的时候，班主任有没有让说说未来自己想成为怎么样的人。我很清楚地记得我那时的回答是想做一个科学家。从那时起，我这份信念一直没有改变过。有个说法形容一份理想的职业：第一，这是你喜欢做的事情；第二，是你擅长做的事情；第三，你能靠它生存下去的事情。很幸运，我现在已经通过学物理在国内物理领域最好的科研单位拿到正式的职位，每天做着自己喜欢的事情，享受因新的发现带来的成就感。虽然在外人看来依旧很辛苦，似乎经常加班，但我却乐在其中。

先来说说我为什么选择学物理，答案是，我随便选的。进高中前的暑假里我先大致把高中理化生的课本都看了一遍，感觉都挺喜欢的。刚开学竞选班委，我想当一个理科的课代表，化学课代表被一位女生选走了，我就毛遂自荐做物理课代表了。大部分所谓的天赋其实都是后天养成的，对一门学科的爱好同样可以后天培养。一旦你开始专注这门学科就会比别人认识更深一点，如果前几次尝试能够带来些许成就感，那你就会愿意在这上面投入更多的精力，良性循环之后会让人误以为自己天生是学某某学科的料。这在我身上表现尤其明显，我有着深深的体会。

高中时，我很幸运遇到因材施教的邵国民老师，他给予我非常大的自由度，比如特许我不用上物理课，所以我那时有不少物理课是自己在图书馆里面度过的。在图书馆里我翻阅各种杂志和图书，记得有一次看到一个不知是正史还是野史的小故事，说俄国曾经向英国花了 100 万英镑买一款特种玻璃制造的秘方，买回来发现，秘方就两个字"搅拌"。没想到的是，后来读研的第一篇学术论文中，提到把核心材料做纯的窍门就是搅拌，那时回想起高中在图书馆里看故事书的事情，觉得是一种很有趣的巧合。高中我还很痴迷于物理竞赛，那时不知怎么想的，觉得自己可以靠竞赛进大学，其他学科差点不要紧，这让我后来在高考总分上吃了很大的亏。如果重新读一遍高中，我应该不会再去专注于竞赛，因为竞赛很多东西只是大学头两年物理系的必修课。但竞赛也让我学到要从不同角度看待问题和不走寻常路的发散性思维，这在做学术研究的时候尤为重要。做学术研究，和高中及大学学习最大的不同是，高中、大学大家所做的所有题目都是有标准答案的，而真正的科学研究、某个课题都是没有现成答案，甚至是无解的。对于一个好的科学问题，一旦你另辟蹊径获得了突破，那么此时此刻，这个现象、这个诠释，或许全世界就你一人知道。由此带来的成就感是其他事情难以获得的。

高中时，我非常感谢我的几位同窗好友，大家没有保留地相互讲解自己对问题的见解。我还记得和一位好朋友长达几个月的关于进动和科里奥利力的讨论，他还拉我去食堂后面看我们洗饭碗的台盆，说我的理解是错的；那时网络还不发达，我们没什么资料可查，也没想到对于这种小体系，水池外形带来的影响更大，那个台盆让我们困惑了好久。现在，当年的同学已经天南海北，分处各个行业，但至今每年还会联系。因此大家要珍惜眼下的这份同学感情，这是很难得的、纯粹的、不带任何利益纠葛的、可以信赖的感情。我们需要伙伴，需要把眼光放得更长远一点，视角放得更宏大一点，跟同班同学比或者跟同校比都是没有出息的。高考是全省、全国的人在竞争，伙伴就是战友，大家互通有无，远比一个人闭门造车要快，交换思想和理解才能更快地共同进步；如果平时喜欢一个人把知识藏着掖着，考试后就找别人对答案，发现自己做对了就会呼呼地笑，那是我心里感到很讨厌的人了。现在做科研了，我的竞争对手来自世界各地，来自各个年龄段，有资深的大教授，有比我聪明很多的年轻人，我们需要团结身边的人组成一个优秀的团队，这样才能有取胜的机会。

高中时，通过竞赛进入大学的路失败之后，我就只能老老实实参加高考，偏科的短板就暴露出来了，我语文、英语、化学、生物都不像物理那么突出，尤其是语文，以至于我现在只能给大家写写毫无美感的大白话。就这样我被录取到了浙江理工大学，一开始还想好好学习的，但发现物理第一年的课在高中学过了，因此我大学前两三年用来建立社团、参加西部支教、开办小公司、发行内部报纸，到了大四，我仔细思考了自己今后到底想要做什么，回想起当初高中时自己的理想，觉得还是想做一个科学家；因为自己的物理基础扎实，又花了三个月努力，顺利考上了中国科学院物理所硕博连读研究生（浙江理工大学那时候没有保研资格）。

进了中国科学院物理所，仿佛是在迷宫里迷失了方向的人终于找到了出口，我立志要做出一番成绩。中国科学院物理所藏龙卧虎，同届的研究生同学基本上来自顶尖名牌大学，基础很好，让我"压力山大"。总之，研究生五年，我完全告别以前的状态，每天三点一线，补基础，学新知识，专心做实验，专注学业和科研，以优秀成绩顺利毕业。在中国科学院物理所博士毕业的时候，我做了一个决定：一个人骑自行车从北京一路骑回嘉兴，给五年研究生学习画上句号，向未来更高目标发起挑战。我说这个的目的就是告诉跟我一样有偏科现象的或者成绩处于中下游的学弟学妹，不要有自暴自弃的想法；无论你现在身处哪里、基础如何，每个学期、每个月、每一周、每一天都是一个新的开始，改变自己的状态，事在人为。

最后唠一句我留学回来的感想。经过了几年留学生活，我强烈感受到祖国的蓬勃发展，同时也能感受到由此带来的各方面的压力和挑战。我们生活在一个最好的年代，中华民族的伟大复兴一定会在未来几代的年轻人中实现；要实现个人价值最好的途径，就是把自己与国家命运联系起来，希望大家都能学好一身本领，把我们发光发热的青春书写在自己祖国的大地上，做到知行合一！

就说这么多吧，以后有志于研究物理的学弟学妹们，欢迎报考中国科学院物理研究所！

今年，母校嘉高将迎来建校二十五周年，我衷心祝福母校越办越好，祝福恩师们工作顺利身体健康，祝福学弟学妹学业优秀考取理想大学！

2022 年 1 月 8 日于北京凝聚园

务实创新　勇担责任

■ 卢华平　　沈小夏

校友简介

卢华平，2003 年进入嘉兴高级中学学习，2006 年毕业于嘉兴高级中学，同年考取南昌理工大学，2010 年毕业于南昌理工大学工商管理专业。大学毕业后在浙江秀舟纸业有限公司从一名普通工程技术人员开始，先后担任了采购经理、安全部经理及浙江秀舟纸业有限公司总经理，浙江兴舟纸业有限公司董事

卢华平校友（左）与嘉高签订设立"嘉高兴舟奖学金"协议

长。曾获得嘉兴市南湖区青年创业带头人、南湖区优秀共产党

员、南湖区优秀企业家、南湖区慈善之星等荣誉。

沈小夏，2006 年毕业于嘉兴高级中学，2010 年大连理工大学

电气工程及其自动化专业毕业，中共党员，卢华平校友夫人。

嘉高三年，是充满憧憬和多梦的人生季节，是我们人生中的关键时

期。嘉高"真"的校训给了我们很多启迪，"真人""真知""真实""真

诚""真心"……认识自己的无知，正确定位自身，才能更好地提升自

己，在嘉高，我们学会了承担，学会了拼搏，学会了创造。在此，我们

由衷地感谢母校老师们的教育、鼓励。我们深知，知识就是力量，未来

何去何从是可以由自己的奋力拼搏掌控的。在嘉高三年的学习生涯不仅

是知识的充实，更是品德的完善、观念的更新及综合能力的提升。

大学毕业后，我们到公司熟悉业务，从基层技术人员做起。在这段

时间内，我们真真切切地明白父辈创业的不容易。那么多零配件，哪些

需要更新，哪些需要检修，全都需要自己去熟悉，我们似乎有种崩溃的

感觉，但我们始终相信一句话，那就是"向前看，认真做"。坚守最初

的梦想，我们在工作锻炼中迅速成长。随后卢华平在公司担任了采购经

理，从下单到收料，每个细节都要经手，以便能在第一时间了解生产物

料的情况，争取让每个订单都做到万无一失；后来转到安全部任经理，

安全生产事关员工生命和企业财产安全，是企业的重中之重，在此期

间，严格落实"安全第一，预防为主"的方针，集中力量抓安全生产，

使全员牢牢树立安全意识，确保生产正常进行。轮岗结束，两年过去了，公司任命卢华平为秀舟纸业有限公司总经理，之后，又兼任了浙江兴舟纸业有限公司董事长，沈小夏也一起在公司做管理工作。

我们公司是在原凤桥瓦楞纸厂的基础上历经多年风雨发展而来的，面对的是小型传统产业的普遍困境，我们深知创新是企业得以生存发展的不竭动力。2012年7月，浙江秀舟纸业正式启动了攸关企业未来发展的技改项目，这是一场品质与规模并重，以装备与技术为先导的技术革命。当时26岁的卢华平，在前期准备阶段，带着技术人员多次到广东、河北、上海等大型造纸企业、电厂学习，考察后便认真与技术人员探讨技改的相关事宜。2014年8月，年产15万吨高强度、低克重瓦楞原纸生产线技改项目正式投产，产能释放十分明显。在技术与装备的创新下，传统造纸产品不仅在品质上得到了大幅提升，而且在产品低能耗、高附加值、产品生命周期利用率等方面均取得重大突破，大大提升了企业的竞争力。

同时，我们努力推动企业的科学管理，从而实现向管理要安全，向管理要效益，向管理要发展后劲的目的。企业发展到了一定阶段，更需要建立现代企业管理制度，更需要强调制度管人，这才是企业长久发展之道。打铁还需自身硬，为此我们加强了学习，参加了清华大学"工业经济转型发展与战略强企"研讨班，赴美国学习现代企业管理经验，通过学习不仅开拓了视野，而且了解掌握了许多实战案例。

另外，环保问题是传统产业无法回避的重要难题，我们对车间的废水处理设施进行大规模提升改造，在公司产能不断提升的同时，废水污染物入网浓度反而降低了，废水利用率也同步大幅提高，为企业减轻了环保压力，同时节省了环保成本。目前公司建有日处理 6500 吨的污水处理站，保证了企业造纸污水处理及循环利用。由于造纸过程中水的循环利用越来越多，吨纸排水量越来越少，但由此也带来了一个问题，水因为缺氧而滋生厌氧细菌，从而产生臭味。为了解决这个问题，我们请来全国领先的专业技术团队，进行连续监测，掌握了造纸用水在各个工艺流程的变化情况，同时进行了技术改进，提高造纸用水 pH 值，添加杀菌剂，防止水中产生细菌，减轻异味。公司在缺氧的工艺点增加曝气装置，增加水中的含氧量，从而达到消除臭味的目的。同时，改进了高强度瓦楞纸的表面施胶工艺，尽管成本较大，但味道更轻，大大减少了施胶烘干过程中的味道。2018 年 10 月，我们还完成了造纸尾气集中处理改造项目，新增了 3 套初显 + 低温等离子废气处理设施，净化排入空气中的尾气。2017 年秀舟纸业启动了造纸尾气集中处理改造工程，对烘干过程中产生的尾气进行集中收集，采用管道中喷淋除臭剂的方法，增添低温等离子加光氧催化和生物净化综合处理设备消除异味。同时，公司还投入 500 多万元，对污水初沉池、表曝池、好氧池进行加盖处理，废气经管道集中收集后进锅炉燃烧处理。近年来更进一步改进工艺，对造纸尾气进行处理，尽力消除废气中的异味。公司在环保工作上付出坚持不懈的努力和巨大的资金，是我们作为一个新时代的企业家应有的社会责任！

2016 年 6 月，我们通过司法拍卖，获得了位于嘉兴市环城西路一号地块，打造建设"蠡园·盐谷"青创园。该项目至今为止投入 3000

余万元,"蠡园·盐谷"青创园项目一直备受嘉兴市及南湖区领导的高度重视,多次莅临项目现场指导工作,目前该项目已正式运行。

企业发展蒸蒸日上,我们当然也要懂得感恩、懂得回馈社会,积极承担社会责任。我们公司设有爱心基金,帮助急困的员工;提供了部分岗位,专门招聘本地的残疾困难群

沈小夏校友(左)与学妹交流

众,让他们自食其力;积极向南湖区慈善总会等捐款,为抗洪救灾等捐款,为贫困学子提供爱心助学金,至今已累计捐款 500 多万元。2021年,我们在母校嘉高设立了"嘉高兴舟奖学金",希望通过自己的行动,向母校表示感恩的同时,也激励学弟学妹们奋发图强,努力学习!

浙江秀舟纸业有限公司始终坚持以"诚实守信、科技创新"为企业宗旨,以"质量为先导、管理谋发展"为经营理念,不断满足用户的需求,推行精细管理,以节能环保、减少排放为目标实施清洁生产;始终坚持企业发展和环境保护要平衡的发展战略,不断加强投入,向着更节能、更环保的方向努力。浙江秀舟纸业努力追求经济效益、环境效益和社会效益的"多赢",积极投入社会公益事业,为社会贡献出自己的一份力量。

　　我们每一步的努力每一次的提升，都有母校"务实责任""追求卓越"文化基因的激励；今年，母校嘉高将要迎来建校二十五周年华诞，我们感恩母校、感恩老师，更祝愿母校越办越好、老师工作顺利、学弟学妹学业优秀！

2022 年 1 月 6 日

踏实　认真　负责

■ 胡思旻

校友简介

胡思旻，2003 年进入嘉兴高级中学学习，2006 年于嘉兴高级中学毕业，并以优异成绩考入南京理工大学电子信息工程专业；2010 年南京理工大学本科毕业后以优异的综合成绩入选与法国矿业工程师大学联盟的公费交换项目，并于 2010 年夏季踏上去往欧洲的航班，开始了为期两年的研究生留学生

胡思旻校友带领公司团队在法国巴黎开展会

活；2012 年硕士研究生毕业之后，获得在法国巴黎本地知名科技类企业的实习机会。现就职于一家中国科技创新公司在欧洲的分公司（巴黎），担任技术总监。

　　在嘉高的那段时光正是我人生中即将跨入成年人行列的过渡期，对未来充满幻想且不安分于当下。在初次踏入校园的那刻，我并不知道高中生活代表着什么，或者说这一段经历会在我的人生历程中扮演什么样的角色。在还未正式成为高中生的时候，我和大多数刚入学的甚至高年级的高中生一样，认为高中的一切都是为高考而做准备的，三年经历过的，都将在高考那几个小时挥笔之后化为缥缈，最终在记忆里消散。

　　在开学典礼上，作为高一新生的我，听到老校长徐新泉讲的最多的就是"求真"两个字，那时的我对这两个字的理解就是简单地做真实的自己，并没有把这两个字放在心上。那时的我因为之前初中的成绩还算可以，也对自己充满信心，我认为我能够轻松保持良好的考试成绩，于是我选择了最放任的学习方式，即只要正常上课、正常写作业就会取得我想要的成绩，其余课余时间甚至自习时间我可以随意做我自己想做的事情。那个年纪的青少年对于自制力有着非常偏颇的理解，甚至是刻意放宽要求，对于当时的我来说仅仅只是轻微的放松，却是实际怠慢的借口，我开始不得不面对试卷上真实的数字，但是那时的我的选择是自我麻痹和自我游说，我告诉自己这些都是不正常的发挥，我到需要的时候会正常发挥的，于是依然我行我素。

　　整个高二，我慢慢发现我已经快到了无法逆转的时候，我的成绩一直在班里的底线徘徊，曾经自信地觉得自己只要进了理科特长班，后面大学的路就会很通畅，现在感到彻底的惶恐和自我怀疑，彼时的我发现，想做真实的自己，反而迷失了我自己，我开始形成了初期的自暴自弃，也许这真的就是真实的我，我也只能达到这个水平。那时的我只有英语成绩还可以，所以和我们那时的班主任兼英语老师高鹏会有较多的沟通，在看到当时的我已经慢慢步入歧途的时候，他和我说了至今还记得的一句话：一个人永远不会知道自己有多少潜力，你不去努力尝试，不管你今后的结果如何，你永远都会为当时没有努力探寻自己的极限而感到遗憾，因为走过就没了。

此时此刻的"求真"对我来说，不再只是简单地做真实的自己，而是要脚踏实地地做真实的事，只有经历了拼搏的过程，结果才会辉煌。在我高中的最后一年，我开始有了新的转变，因为我告诉自己：事事对自己负责才能掌握自己的人生！我开始变得专一和坚定不移，有想不明白的地方，一定要和同学讨论出结论；有解不开的题，一定需要把题解开；有总结不到的点，一定会把这个点补齐，就这样坚持了整个高三，我能感觉到我的成绩在回升，我的自信心在重新建立。在高考前的一晚，我告诉自己：不管两天之后的结果如何，你此生无憾！最后的结果是幸运的，我感到，不仅是这个结果本身让我高兴，有了奋斗过程的艰辛，高考这个结果让我觉得弥足珍贵！

如今我已经开始工作了，这段回忆一直都对我很重要，不管一个人成就如何，平凡与否，专一做好当前奔向目标的事情，即为求真！每个人的生命都会分成好几个阶段，不管哪个阶段都要做到求真，不然就是在浪费你人生的这段时间。也许我会忘记学到的定律、算法、公式等等，但是我清楚地记得那时的认真和专一，才造就了现在的我！

目前，我想要和公司一起借助全球化的浪潮，把中国的高新科技成果展现在国际舞台上，并且达到领军地位；公司也确实在欧洲市场上做得越来越大，我们在这个领域的知名度越来越大，每年取得的成果也让客户及竞争对手刮目相看！现在的我得益于我之前那些阶段专注的所有关键词——学习、归纳、总结，工程师、法国、欧洲等等，每一步脚印都促成了今天的我，缺一不可。到现在我的日常工作都秉承着一个理念：过程重要，结果才显得更为重要！我希望，也相信，借嘉高建校二十五周年华诞即将来临之机，我对嘉高求真感悟的这段经历，可以对在校的学弟学妹们有所帮助！

我在巴黎祝福母校，最忆嘉高！

2022 年 1 月 25 日

离"嘉"十余载

■朱悦俊

校友简介

朱悦俊，2004 年进入嘉兴高级中学学习，2007年从嘉兴高级中学毕业，同年以优异的成绩考取北京大学，2007—2014 年先后就读于北京大学新闻

朱悦俊校友在上海洋山港采访

与传播学院、社会学系，硕士毕业后进入人民日报社工作，现为人民日报社内参部记者、编辑。十余件内参作品获得习近平总书记批示，著有长篇报告文学《美丽塞罕坝》等。

转眼，离开嘉高已 10 余年了。

我目前就职于人民日报社内参部，是一名记者 + 编辑。习近平总书记视察人民日报社时曾指出："《人民日报》是党中央的机关报。一张

报纸，上连党心，下接民心。"全媒体时代下，《人民日报》已由过去的一份报纸，转变为拥有报、刊、网、端、微、屏等 10 多种载体的媒体方阵。内参即是其中之一，也是其中最具神秘色彩的一个。由于工作中多有涉密内容，我仅就已公开的信息做点介绍。

近几年，有许多重大典型通过《人民日报内参》走进中南海，走向全国，走向世界。我很幸运，刚走上工作岗位，就遇到了塞罕坝林场人这样的采访对象。从 2016 年初寒风凛冽中的初见至今，我和塞罕坝的缘分，从薄薄的一份内参，到习近平总书记批示后铺天盖地的全媒体报道，又到一部报告文学的出版。与其说是我作为记者在报道塞罕坝人，不如说是一代又一代塞罕坝人以牢记使命、艰苦创业的塞罕坝精神，一次次给予我精神的洗礼。

2016 年春节前，我和同事受命前往河北塞罕坝林场采访，探寻当今社会需要怎样的时代精神。摆在我们面前的是这样一份数据：年平均气温——零下 1.3℃，极端最低气温——零下 43.2℃，全年无霜期只有 52 天，而这个地方，离天安门的直线距离，只有 350 公里。为什么要在自然条件如此恶劣的地方建设一座林场？又是什么样的一群人，在环境如此恶劣的地方，造出了百万亩人工绿海？我们坐火车、转汽车，单程 8 个多小时，去寻找一个答案。那一天，气温零下 23℃。

气象专家告诉我，20 世纪五六十年代，北京一到春天就黄沙漫天，走在街上都睁不开眼，跟熟人寒暄两句就吃一嘴的沙子。那时候，在北京的北边，科尔沁沙地、浑善达克沙地一溜儿地摆开阵势向北京包抄而来。坝上，平均海拔 1000 多米，而北京市平均海拔只有 43 米，风沙一来毫无招架之力，有人做了一个形象的比喻，就像是站在屋顶上往院子里扬沙子。那时候，专家断言，如不尽快治理，沙漠将继续南侵，不出 50 年，漠北风沙就将兵临北京城下。塞罕坝林场就是在这样的背景下应运而生的，1962 年，来自全国 18 个省市的 369 人组成了林场的第一支建设大军。这支队伍的平均年龄不足 24 岁。

采访中，打动我的，是一阵沉重而响亮的钟声。敲钟人叫张启恩，新中国成立前的大学生，新中国的林业工程师。来塞罕坝之前，他们一家五口住在林业部的家属院里，日子过得惬意、平静。得知塞罕坝要建林场的消息，张启恩主动请命，交了房，收拾行装带着妻儿上了坝，从此过上了"天当房，地当床，草滩窝子做工房"的日子。"文化大革命"时期，作为坝上文化水平最高的人，张启恩被打倒了，成了一个最偏远的林场的敲钟人。一次意外摔伤，让这个曾经阳光帅气的知识分子成了一条腿长一条腿短的残疾人，但他还是经常一瘸一拐地偷偷到苗圃里转一转，如果有工人不嫌弃他这个"反动学术权威"，愿意向他请教两句，他便兴奋地倾囊相授。10 年间，沉重而响亮的钟声飘荡在林场上空，这是一个党员对党的忠诚、对真理的执着。

采访中，打动我的，是厚厚一摞望火楼瞭望笔记。亮兵台望火楼海拔 1940 米，常年阴冷潮湿，刘军和齐淑艳夫妇是这里的常住民。他们的工作说起来很简单：白天每隔 15 分钟，晚上每隔 1 小时，登上楼顶，瞭望方圆 20 公里内的火情，加以记录并汇报总部。就是这个小孩子都会做的工作，却成为塞罕坝上最艰苦、最让人尊敬的工作之一，因为这里有最难挨的孤寂。刘军和齐淑艳已经在这里瞭望了 11 个年头，这 11

年来，在防火期的每一天都重复着相同的工作：轮流值班，轮流睡觉。这 11 年的瞭望笔记，没有一天缺失，刘军对我说："树是塞罕坝人的命，瞭望工作容不得一点马虎。"

采访中，打动我的，还有一条压箱底的花裙子。裙子的主人是塞罕坝林场第一位女博士杨丽。为了确定野生花卉的分布、生长状态，需要进行大量野外调查。有一次在山上，杨丽被一种叫"桦皮夹子"的虫子咬了，4 天后才发现。像苍蝇那么大的虫子已深深烂死在她的肉里，到医院才取出来。从那以后，杨丽再也没穿过裙子。我问杨丽："遗憾吗？"她说："花海就是我最美的裙子。"

从塞罕坝回到北京后，我们便立马开始写稿。由于采访素材较为充足，稿子几乎是一气呵成。但我们又反复打磨，最终七易其稿，历时近百日，写成内参直接报送给党和国家主要领导人。

不久之后，我们便接到有关部门的反馈：习近平总书记对该稿件做出了重要批示。塞罕坝精神打动了习近平总书记！接下来的一年里，根据各方渠道消息，多位有关部门主要领导前往塞罕坝进行了深度调研和考察。作为习近平总书记批示肯定的"推进生态文明建设的一个生动范例"，塞罕坝林场受到各大媒体高频次全方位的报道，成为享誉中外的重大典型，以塞罕坝为原型的电视剧《最美的青春》也在中央电视台综合频道黄金时段播出。2017 年 12 月，塞罕坝林场获得世界环保最高荣誉——联合国环境规划署颁发的"地球卫士奖"。2021 年，塞罕坝精神被写入中国共产党人的精神谱系。

2018 年前后，为了写作报告文学，我们第二次、第三次、第四次踏上塞罕坝，对塞罕坝人的精神特质有了更深的认知：他们敏于行、讷于言，胸有惊雷却足履实地。一辈子只做了一件事，却将这件事做到了极致。他们不是看不到社会的喧嚣、名利的诱惑，而是心有坚守，始终不渝。这种精神也滋养着作为文字工作者的我。每一次心有懈怠时，我都会想起塞罕坝人用 50 余年书写的答卷。20 万字的报告文学《美丽塞罕坝》终于写成，时任人民日报社社长李宝善欣然作序，2019 年 8 月出版当月即入选"中国好书"月度榜单。后来，此书又入选中宣部对外推广局对外出版项目，由中共中央党史和文献研究院翻译为英文。

记者这个职业，如今不是一个吃香的职业了。在市场经济的大潮中，在人人都有麦克风的互联网时代，做记者、写文章，说容易也容易，几乎没有门槛，说难也很难，一位记者前辈曾这样言："笔下有财产万千，笔下有毁誉忠奸，笔下有是非曲直，笔下有人命关天。"每每思及担着这样的责任，工作便不得不如履薄冰。

回望过去这 10 余年走过的路，深感因缘际会，人生之路或许年少时就已注定了方向。从"嘉高人永远求真"，到北大人崇尚的"眼底未名水，胸中黄河月"，再到人民日报推崇的"站在天安门上想问题，站在田间地头找感觉"，选择了一条路，便选择了一种生活方式，不轻松，会焦虑，但也有快乐。离"嘉"这 10 余年，总不算虚度。

今年，嘉高将迎来建校 25 周年华诞，我深深感谢母校留给我的求"真"基因，也深深祝愿母校在求"真"的道路上越办越红火！

2022 年 1 月 12 日

坚信心中所向　奔赴田间梦想

■ 陈慧春

校友简介

陈慧春，2004 年进入嘉兴高级中学学习，2007 年嘉兴高级中学毕业后进入浙江越秀外国语学院，大学毕业后返乡创业，先后创立嘉兴市南湖区凤桥桃花源农场、嘉兴两爿桥生态农业有限公司，农场占地300 亩，是嘉兴市南湖区水果种植面积最大的农场，成为国家桃产业技术示范基地，浙江省农业厅示范基

陈慧春校友接受新华社《半月谈》杂志社副总编辑丁玫直播采访

地，并且担任嘉兴市南湖区青联常委，曾获"浙江省百名最美巾帼新农人""嘉兴市三八红旗手""嘉兴市共富示范领雁奖""南湖区十行百星"及凤桥镇"凤桃百年"突出贡献奖等荣誉。

时光如河，浮生为鱼。我与母校在最好的年华相遇，往事经年，岁月安然，再回首，15 年的光阴虽如白驹过隙，但青春年少时最宝贵的 3 年，恰似我们成长路上最耀眼的那一缕曙光，照亮了我们的前程和梦想。

都说高中三年是人生中最难忘的三年，我想，这种体会是随着年龄越长感触越深。2004 年我考入嘉兴高级中学，也是在这一年，我遇到了很多优秀的同学，他们就像是一个个望远镜，让我看到了更远更高的风景，相比之下，我觉得我并没有出类拔萃的天资，我也曾经一度很迷茫。但很有幸，我在这里遇到了翟景梅老师、潘新华老师、薛志英老师……对我来说，他们不仅仅是我学科上的老师，更是人生方向的指路明灯。他们的谆谆教诲，让我相信勤能补拙；是他们的殷切鼓励，让我明白，成为一个小小的万花筒，也有自己的精彩。

2007 年，我从嘉高毕业，进入大学学习，在追寻理想和知识的努力中，转眼间我大学毕业了，毕业时有的同学出国了，有的同学留在大城市发展，有的同学回到嘉兴成为白领，也有的同学端上了"铁饭碗"，每个人都有自己的路要走。

那我的路又在哪里呢？

毕业那一年，站在人生的十字路口，我毅然回到了自己的家乡——凤桥，我也做了一个让所有人大跌眼镜的决定：我要做一个农民！

当时，有太多的人都不理解，包括我的父母，大家都觉得读书就是为了走出农村，去更加广阔的地方发展，怎么还会选择回到农村，过着面朝黄土背朝天的生活呢？但是，我始终认为三百六十行都需要人去做，而我想做的就是把家乡的产业发展起来。

在我很小的时候，我就知道，我的家乡是一个有名的水蜜桃之乡，凤桥水蜜桃有着悠久的历史，因皮薄爆汁、鲜甜味美广受大家喜爱，每到水蜜桃上市的季节，周边的人都会赶到我们凤桥来购买水蜜桃送给亲朋好友。但因为水蜜桃特别娇嫩没办法长途运输，而且种植水蜜桃的农户年纪也比较大，基本只能在马路边售卖或者以比较便宜的价格批量卖给市场商户。行情好时，农户们赚个辛苦钱，行情不好时，一年到头白忙活的情况也不少见。

种植水蜜桃的行当是一项十分辛苦的营生，看着村里的年轻人越来越少，我明白，很多年轻人宁可选择去厂里打打工，也不愿意再吃父辈祖辈们的这份"苦"，但是，我想创业，就从这份世代相传"祖业"开始入手。

要做好这份"祖业"，就要从直面问题开始，在我前期的调研中，我就发现我们的水蜜桃销售太局限，只能在本地范围，而且销售的礼盒历经几十年也只有一两款包装，既没有新意，也没有特定的标准，更没有品牌化运营。正是这些痛点，让凤桥水蜜桃的发展显得十分局限。

发现了这些问题以后，我便开始着手打造属于自己的"水蜜桃IP"，我创建了嘉兴市南湖区凤桥桃花源农场并注册商标"两爿桥"。"两爿桥"的取名来自当地梅花洲景区有千年历史的三步两爿桥，既有当地特色，又含文化底蕴。

有了商标之后，就要更换掉原先千篇一律的包装，我专门请了设计人员，做了水墨风的礼盒，富有江南水乡风味，考虑到桃子的规格不一，我还按水蜜桃的大小和品相来区分规格，实现优质优价。

创业时，生鲜网购的风潮已经初现端倪，我想把水蜜桃卖到更远的地方，开拓外地市场，不在本地市场打价格战，因此我也同时设计了适合水蜜桃运输的快递包装盒。让水蜜桃走出嘉兴。

随着社交媒介的多样化发展，我敏锐地意识到，通过微信朋友圈可以大大缩短买卖的距离，我也是通过微信朋友圈这个销售平台，发展了不少代理，打开了知名度。社区团购有点苗头后，我又抓住商机，发展

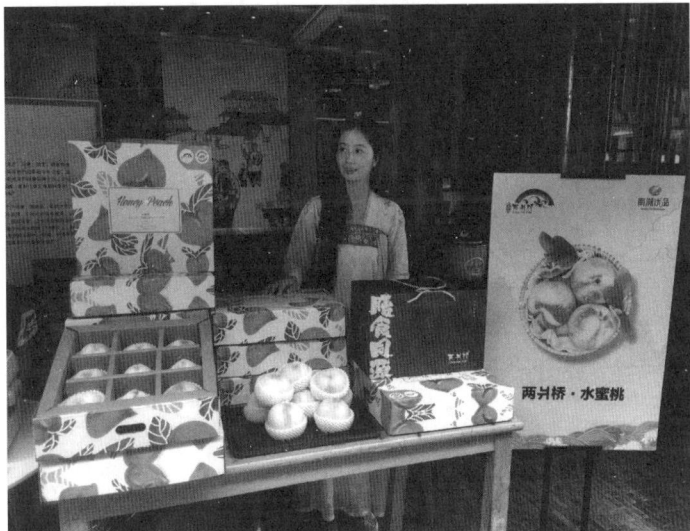

陈慧春校友在梅花洲"两爿桥"水蜜桃获选南湖优品时直播

社区代理。这些代理成了水蜜桃的最佳"窗口"。销量也开始有了明显突破，从最开始的一两千箱发展到三四万箱，积累了稳定的销售团队和客户群，自己农场水蜜桃销售一空也带动了周边农户水蜜桃的销售。

渐渐地，我们打造的"两爿桥"水蜜桃终于在市场中占了一席之地，赢得了很多消费者的青睐。我也是通过卖桃子有了一个新身份——新农人！带着这个光荣的身份，我先后创立了嘉兴市南湖区凤桥桃花源农场、嘉兴两爿桥生态农业有限公司，随着农场的发展，现在农场已经占地300亩，以国家桃产业技术体系、浙江大学、浙江省农科院等科研院所作为技术依托单位，以设施化、标准化、数字化、机械化为生产手段，以优质化为生产目标，打造成为南湖区种植水果示范基地，机械化、设施化、标准化的样板。先后获得嘉兴市示范型家庭农场、嘉兴市星创天地、南湖区"十佳乡村振兴示范主体"等荣誉。

但我并不想止步于此，在农场发展的同时，我也意识到，目前凤桥的水蜜桃品种单一，销售期短，这些问题也是限制水蜜桃产业发展的重要因素。凤桥水蜜桃70%的面积都是种植湖景蜜露，集中上市时间是在7月10—25日之间，只有短短的半个月，如果销售不及时就烂在地里，非常可惜。我们农场开始进行新品种试验，我在网上搜索各个时期上市的水蜜桃品种和品质，跑了十多个水蜜桃种植基地，最终选中了凤美品种，并在农场进行改良试验，通过大棚及自动化设施提早水蜜桃上市时间。5月底，凤美水蜜桃终于试验成功，我们也成为凤桥唯一一家大棚种植水蜜桃的农场，比传统的凤桥水蜜桃提早一个半月上市，既拉长了水蜜桃的销售期，价格也是7月份水蜜桃的2—3倍。现在农场有

5 月底 6 月初上市的凤美、6 月底 7 月初上市的白凤、7 月份上市的湖景蜜露、8 月份上市的黄桃，可以让吃货们一整个夏季都能享受到应季桃子的芬芳美味。

这两年，随着直播带货、短视频的发展，我也常常思考，如何让自己经营的水蜜桃搭上短视频的快车。2021 年一开年，我就开始建立我的抖音直播小团队，开始拍摄农场短视频，我也请了专业的摄影师，拍摄高品质的清晰视频，但并没有很明显的流量。我们也不断地分析，查找原因，发现短视频如果没有很强的吸引力就会一下子被划走。没有流量，我们就开始创作新颖视频，简短但有内容，反响很不错。粉丝涨到 2000 时我们就直接开始直播带货，水蜜桃直播第一天销售额突破 8000 元，第二天销售额突破 20000 元；还吸引了很多粉丝来农场现场购买，有杭州、上海、萧山、苏州等地开车过来的，远的跟我说开了 200 多公里就是为了要买我们的水蜜桃，还有远在广州的嘉兴粉丝刷到了抖音购买水蜜桃，说很多年没有吃到家乡的水蜜桃了。大家的认可更加坚定了我做直播的信心，网络真的很强大，可以让全国各地的人都知道我们水蜜桃产地——嘉兴凤桥，可以把更多凤桥优质水蜜桃销往全国各地。

一直从事水蜜桃电商，我对每年发往全国的水蜜桃数据进行查看分析，发现珠三角市场具有很大的潜力。2021 年上半年直接去珠三角市场考察对接，最终与珠三角渠道合作，打造了凤桥水蜜桃与珠三角联合品牌，整车冷链发往珠三角，以提高时价 30% 以上帮助农户销售水蜜桃 2 万余斤。

我觉得创业需要敢想、敢做、追求卓越。有目标有计划地一步步去实现，明年我们将加强品牌化、产业化、规范化运营，争取打开凤桥水蜜桃珠三角市场，每天 10000 斤水蜜桃发往珠三角，解决农户销售难的问题，助力农户增收。

嘉高老师的奉献精神一直感染着我，作为农村的孩子，我也希望更好地回馈农村，多帮助一些有需要的农户，承担起自己的一份社会责任。

2019 年南湖区和丽水遂昌山海协作，我也积极参与其中。为了增加遂昌经济作物种类，提高农户收入，与南湖区科技局一起在遂昌试验种植凤桥水蜜桃 35 亩，分早、中、晚三个品种，结合遂昌可以高山避暑的优势，发展农旅结合。高山水蜜桃试验也非常成功，2020 年以这 35 亩水蜜桃试种田为引领，因地制宜带动更多自然村和农户种植凤桥水蜜桃，又扩种 100 亩，打造高山凤桥水蜜桃"金名片"，带动遂昌村集体和农户增收致富。

2021 年台风"烟花"登陆，凤桥一生姜农户 10 亩姜田全部受灾，我闻讯立马赶往现场，看到大棚全部倒塌的姜田，同是农民的我也痛心不已。有了直播销售水蜜桃的基础，我马上拍摄 3 条短视频发布并开了一场直播，希望通过网络让有生姜需求的顾客过来采购，解除农户燃眉之急，尽量减少农户损失。短短一天时间 10 亩生姜全部被预订完，农户心中的大石头也总算落下。

今年已是我农业创业的第十个年头。十年风雨兼程，给我带来了很多的荣誉，但只有我自己知道，创业的路上布满了荆棘，而我只有披荆斩棘、日夜兼程，才能在梦想的道路上一直走下去。很多人只看到水蜜桃整车整车往外发，却不曾知道半夜 1 点的我因找不到工人而和家人一起还在一箱箱搬着水蜜桃上车发货；很多人只看到水蜜桃销售价十分可观，却不曾发现天灾的时候一半以上水蜜桃落果，即使损失惨重也要咬紧牙坚持着。有些年轻人做农业做个一两年就坚持不下去了，但我觉得既然选择了就要想尽办法做好，这都离不开嘉高求学时期的坚持，一次次的考试，一次次的教导，一次次的磨炼，练就了现在遇到什么困难都会勇于坚持下去的勇气。遇到任何问题不逃避，不躲避，想办法解决，从而吸取经验教训，也很庆幸正是这份坚持让创业之路越来越顺利。

都说高中情是最深刻的，是的，因为我们在同一个城市，无数个夜晚我们在一起勤奋学习，我们在一起畅谈人生，可以说我们是并肩作战的队友，虽然我们会分散到全国各地，但是我们的情谊始终在一起。工作中经常会遇到嘉高的校友，每当提及嘉高的时候就会无比亲切和骄傲，因为嘉高让我们聚到了一起，成为了朋友、知己，甚至是爱人、家人。

感恩母校，是老师的奉献、谆谆教导让我们学习到更多知识，让我们有足够的勇气去追寻梦想；感恩母校，是母校教育的求真务实、科学创新，指导我们前进，在创业的途中不至于迷失方向；感恩母校，是嘉高这个平台让我们聚到了一起，我们相互帮助，共同前行。在迎接母校 25 周年华诞之际，我想说：我爱你——嘉高！作为嘉高学子，我备感骄傲和自豪！

2022 年 1 月 10 日

男儿志在四方　愿以青春献国防

■ 徐嘉成

校友简介

徐嘉成，2004 年 8 月进入嘉兴高级中学学习，2007 年 7 月
于嘉兴高级中学毕业，2007 年 8 月起在上海海关学院学习，
2008 年 12 月参军入伍，服役于中国人民武装警察部队某部机
动支队。2010 年考入中国人民武装警察部队特种警察学院特

徐嘉成校友在祖国边疆执勤

种情报侦察指挥系，2014 年 7 月中国人民武装警察部队特种警察学院毕业后，任某部特勤排排长、增援特战排排长、侦察排排长、新兵连连长、侦察中队中队长等职。曾荣立个人三等功两次，获某部总队情报侦察先进个人、优秀带兵干部、优秀基层干部等荣誉。

离开嘉高校园，转眼已十五年了，校园的一草一木依然清晰地在我脑海浮现。校园广播中那首《我们都是好孩子》的歌曲，多年后每每听到都仿佛回到了校园，恍如昨日，令人思绪万千，热泪盈眶。高中时期是人生最美好的岁月，代表着青春、奋斗、希望……母校时常出现在梦萦中，醒来才发现这只是一场不可能回去的梦，花有重开日，人无再少年，多想再回到那个青春岁月，回到那个亲爱的嘉高校园……与其他嘉高学子相比，我没有轰轰烈烈的业绩，没有惊天动地的成就，没有耀眼的头衔加冕，故有点自惭形秽。我将普普通通的人生轨迹与大家分享，既是对自身人生经历的追忆，又是表达对嘉高母校三年培养的感恩，祝母校建设发展越来越好，祝学校领导和老师们身体健康，工作顺利！

青春有橄榄绿的梦，年轻的心就在奋斗中追梦

几乎每个男孩曾经都有从军的梦想，我也不例外。2007 年高考后我考入上海海关学院经济系学习，我以为错过高考考军校而与从军

擦肩而过了。2008 年正读大二的我看到校园的征兵海报，想起那年"5·12"汶川地震抗震中冲锋在前、舍生忘死的人民子弟兵，想起战火纷飞中为了国家独立和人民解放而牺牲的中国军人，我内心的那把火被点燃了，多次找到征兵的领导表达自己想要投笔从戎的强烈愿望。领导被感动了，批准了我的请求。那年冬天的一个凌晨，我坐上了从上海开往驻地杭州的接兵列车……

军营是个大学校，但军队条令条例要求的严苛程度和训练的强度不止学校的十倍百倍。武警对单兵军事素质要求很高，每天的训练时间达到了十五六个小时，以体能和格斗为主。很多战友来自体校或者武校，我当兵之初体格瘦弱，一开始考核在全连排名靠后。但我想起在嘉高学习的经历，其实训练和学习是一样的，身边嘉高学子们能在一年年的高考中取得佳绩，是他们付出了百分百的努力，才有可能收获成功的果实。所以每次训练我都带上笔和本子，做好笔记，如果有错误的动作就反复思考错误原因，建立自己的挂账销号表，分析训练得失，提升训练质效。经过努力，当兵不到一年，我的军事素质挤进全连前十，当年成了唯一一个入选教导队集训的列兵。第二年考军校时摆在我面前的是一个新的挑战，军校考的科目都是理科，作为一名文科生，物理、化学已经忘了大半了，基础比较薄弱。除了每天高强度的训练外，我只能利用休息时间捡起原来的物理、化学知识。周末战友下棋打牌，我捧起书本学习；夜里站岗回来，再拿出资料复习，不懂的就查资料或者打电话向以前的老师、同学请教，终于啃下了高中理科所有的知识点。2010 年在军队院校考试中，我数学 149 分，物理、化学只失了 3 分，以总分杭

州地区第一、高出录取线 60 多分的成绩被中国人民武装警察部队特种
警察学院特种情报侦察指挥专业录取。

牢记嘱托，矢志献身国防

如果说之前在杭州的训练是高强度的话，特警学院的训练简直就是
魔鬼和地狱式的。这所神秘学校当时培养训练着一支全军唯一的全由军
官组成的特种部队，每年从全国招生 120 人，以训练残酷闻名全军，学
员还有 6% 的淘汰率。我一进校门就感到莫名的压力，我的基础在原部
队里还过得去，在特警学院的成绩排名又回到了尾数。在那里我们练搏
击一招制敌，练各种枪械的射击，练潜水游泳，练空中反劫持，练楼房
攀登……身上常常是青一块紫一块，旧伤未好又添新痕。每天高强度训
练的同时，还要完成教育部规定的所有本科科目的学习，每天忙碌而又
充实。经过 4 年紧张的军校生活，我掌握了反恐作战的各种技能和知
识，开拓了视野，增强了自身体魄，达到了一名特种情报侦察指挥军官
的毕业要求。

2014 年 4 月 9 日是一个难忘的日子，中共中央总书记、国家主席、
中央军委主席习近平莅临学院为"猎鹰"突击队授旗。我作为搏击训练
示范分队的一员能有幸近距离为习近平主席演示训练情况。演示结束
后，习近平主席走到我们中间，和蔼亲切地与我们交流训练情况。习近
平主席告诉我们他平时也爱看电视里的搏击节目，让人觉得既伟岸又接
地气。习近平主席勉励我们，作为年轻一代的军官们要把强军的重任主

动担在肩上，要苦练技能，钻研指挥战法，成为令敌人心惊胆寒的反恐精锐力量。习近平主席的话语，回荡耳畔。我立志要把习近平主席的嘱托牢记在心，把"猎鹰"的精神发扬光大，为完成伟大的强军事业不懈努力。

赴边疆守四方，掳恐独打东突，护南疆安宁

2014 年 7 月我从特警学院毕业分配回原部队，8 月上级突然通知，边疆某地区反恐形势较严峻，我们部队需增援一个全要素特战排。刚毕业一个月的我临危受命担任增援特战排排长，带领队员们远赴几千公里外的边疆某地区。那里干旱少雨，自然环境恶劣；更危险的是少数深受三股势力毒害的暴徒隐秘在角落，他们伺机拿砍刀当街砍杀无辜群众，在人群中引爆自制爆炸物，冲击党政机关和基层政权，以各种方式制造流血伤亡事件，严重影响当地人民的生产生活秩序，极大威胁了人民群众生命财产安全。在上级的命令下，我带领特战排官兵们拉网式地搜索抓捕暴恐分子，广阔无垠的戈壁无人区、险峻的雪山山脚、表面平静实则暗藏杀机的棉花地中都留下我们的足迹。一年之中，我们跑遍了 10 万多平方公里的边疆某地区的每个县，抓获了一批暴恐分子，圆满完成多次重大警卫任务，成为维护当地社会治安、保障人民安居乐业的重要压舱石。因为增援反恐任务完成出色，当年我被组织记个人三等功一次。

磨实战基石，砺侦察尖兵

增援反恐任务回来后，我担任侦察排排长并兼任某部总队侦察训练教员，完成了互联网大会安保、G20 杭州峰会核心区安保、化装侦察等重大任务。2017 年底组织任命我担任侦察中队中队长职务。这是一个新组建的特战单位，又是某区域唯一的一个侦察连队，有武装侦察、技术侦察、空中侦察、化装侦察和警犬等专业，技术含量高，标准要求严，专业跨度广，抓建难度大。我深知使命光荣责任重大，带着所属的干部骨干，紧盯现代战争特点，学习先进的军事理论，研究最新的战法训法，根据不同战士的特点和基础层次制订准确的训练套餐和任务角色。在训练场上我常常带头训练，严肃抓训，从主官到列兵，没有人在实战训练上可以讲资格讲条件，没有下不为例。战士们也深知我的作风，没有在实战训练上偷懒耍滑。

经过大半年的时间，中队整体的战斗力得到了飞速提升，2018 年我作为中队主官带领部分战士代表参加在部队组织的大比武，我们凭着过硬的军事技能、稳定的发挥，击败了其他老牌红军连队，一路过关斩将，成为当年比武最大的黑马，最终取得了比武的冠军。年底我带领中队一鼓作气，夺红旗，创先进，扛回了先进中队的荣誉牌匾，个人又荣立三等功一次。现在侦察中队是我们部队响当当的拳头中队，3 年多来，2 次获得比武冠军，中队先后 2 人成功提干，6 人次荣立三等功，士气旺盛，战斗力得到大幅度提升。

在这军事改革的关键时期，面临复杂的国内外环境，我深知一支强大的国防力量对我们国家和民族的重要性。新的训练任务又将来临，我和中队官兵们将继续立足本职岗位，牢记使命、宗旨，积极适应现代化战争的节奏特点，继续努力在强军的道路上不断地冲锋前进，为实现伟大的强军梦贡献自己的光和热！

学子以拳拳之心从军报国，也以盈盈之情感谢母校的培养！在嘉高二十五周年华诞即将来临之际，请接受军营学子的美好祝愿！

2022 年 1 月 6 日

源自语文课的职业梦想

■ 朱佳伟

校友简介

朱佳伟，2007 年进入嘉兴高级中学学习，2010 年于嘉兴高级中学毕业考入大学学习，2017 年于华东师范大学硕士研究生毕业，现就职于上海电视台；担任沪上王牌民生栏目《新闻坊》编辑、播音员，近两年创编《阿姨爷叔请提问》《坊间微议》等融合媒体产品，并担任主持人、出镜记者，在采编播一体化的道路上不断成长。

朱佳伟校友在上海电视台主持《阿姨爷叔请提问》

193

　　写下这段文字的时候，我 32 岁。按理说，"梦想"这个词汇，在这个年龄段的人嘴里，已经越来越少听到了——因为，眼前的事还忙不完呢，你跟我谈"梦想"？但曾经拥有过的梦想，无论实现与否，或者说实现程度几何，认真回望的时候，心头总还能泛起一丝涟漪。

　　还记得一年前，在老家偶然碰见了小学时的语文老师。交谈中她说道："从事着自己最喜欢的工作，你真幸福！"起初我还有些诧异，但仔细回想，小学三、四年级时便已经在校园电视台担任小记者，20 年后，依然在从事这份工作，细细咀嚼，倒真有一种"儿时梦想终成真"的幸福味道。说到这里，不得不感恩嘉高的 3 年高中岁月，不得不感恩我的恩师翟景梅。在一步一个脚印的成长中，一堂堂生动的语文课为我插上了逐梦的翅膀，也直接关联了如今所从事的职业。

　　借此机会，我也想谈谈，语文之于职业素养、之于生活美学的意义。

语文之于职业素养的意义

　　除却语文老师，我现在的工作大概算得上跟语文打交道最多了吧。至少，时不时还需要翻阅字典，或者，偶尔也会为了一个模棱两可的字词跟办公室的同事讨论半天。从实用主义角度来说，这大概就是语文了。作为大众传媒，必须准确、规范地使用语言文字。一旦出现差错，是要承担责任的。比如，我们总编室每月都有针对语言文字差错的公示。而社交媒体上，一些有心人也会自觉当起"纠错员"，可以说，监督无处不在。有时候我也会想，有必要字字句句斟酌吗？能够理解不就行了吗？但经验告诉我，你能理解，不代表别人能够理解，而一旦有人理解错，经过二次传播，后果就不堪设想了。庆幸的是，我至今还没有因为语言文字差错而被"点名"，这大概也得益于从中学时代就养成的对语言文字应用的严谨和敬畏。

当然，不出错是最基本的。日常言语交际和每一次写稿、改稿，每一次上台主持时的即兴表达，都有赖于自己的积累和沉淀，对语文素养提出了更高的要求。

语文之于生活美学的意义

这是我生活的另一部分。自从经营起一个有声文学的公众号，就一发不可收。一来，身边的有才之人着实很多。语文教师、医务工作者、发电厂工人……他们都是有心人，他们都会把别人眼中白开水一样的生活过成一首诗。那些文字到我手里，自然不会被辜负。只要有闲暇时间，我就跑去录音间，戴上耳机，情景再现，用心吐字。在字里行间，体味平淡生活带来的感动。二来，有文学的日子注定是不会枯燥的。我常常觉得，诗歌也好，散文也好，就是一种生活美学的载体。比如，春天，从时间意义上讲，它只是一个季节。然而在诗人、作家的笔下，它简直就是一个创作的富矿。唐有王维"红豆生南国，春来发几枝"，宋有苏轼"竹外桃花三两枝，春江水暖鸭先知"，而在朱自清的眼里，它又"像小姑娘，花枝招展的，笑着，走着"……作为普通读者，只要细细品读，就有一种幸福感油然而生。而这种幸福，正是来自对生活之美、自然之美的捕捉与欣赏。

最后再谈谈语文学习吧。这一点又想从几年前一件哭笑不得的事说起。我上中学的时候，blog 正火热。出于好奇，我把平时写的作文贴到了网上，也算是一种自娱自乐。然而就在前两年，我"惊奇"地发现，其中一篇不那么起眼的作文竟然出现在了某本自称是"中考满分作文"的教辅书上。再仔细一查，"不得了"，有三四本书上刊登了这篇作文。更匪夷所思的是，出版社竟还请了专家有模有样地分析这篇作文的"满分理由"。读研究生的时候，有机会跟上海市作家协会主席赵丽宏先生交流，我把这哭笑不得的往事拿出来聊，顺便想请他谈谈，怎么看待如今很多阅读理解让作者本人去答题都无法得高分的现象。赵丽宏先生笑笑说："当年我儿子拿着作业本来请教我，我答不上来，而作业本上那篇文章恰恰正是我写的。"

所以我想，语文，应当是没有标准答案的吧，至少作文是这样。那么问题又来了，既然没有标准答案，又如何去评判好坏呢？我想，评判标准还是可以有的，因为除了文字本身，任何一篇文章在句读之间所流露的，正是一个人的阅历、经历、思想和审美。

2022 年 1 月 16 日

务实求真，酌水知源

■ 严凌燕

校友简介

严凌燕，2007 年进入嘉兴高级中学学习，2010 年嘉兴高级中学毕业，2014 年北京科技大学本科毕业，2017 年华东师范大学硕士毕业，2021 年华东师范大学博士毕业，曾获得研究生国家奖学金（硕士）及优秀毕业生等荣誉。现就职于浙江师范大学。

严凌燕校友（右）与导师袁振国教授

197

2007—2010 年，是我在嘉兴高级中学求学的三年。还记得初踏入校园时，那时校门口偌大的"真"字引起了我的注意，红色的"真"，格外醒目。当时隐约有疑惑，何谓"真"，如何"真"？随后的学习中，嘉高的老师和嘉高的文化，把"千教万教教人求真，千学万学学做真人"的"真"字解读给了我。从嘉高毕业十年有余，在一段段他乡求学之旅和深度升级的学术探索中，更深刻体会到嘉高"真"字内涵。

拓宽真知来源：面向未来，不忘本来

学校是知识传播的集中地，而知识却不限于课堂教学。近十年来，尽管一直在学校象牙塔里生活，我也在持续拓宽自己的知识来源。

本科阶段，除了课堂学习，将部分精力分配给学生会、社会实践及志愿服务。在上述活动中，知识的形式不同，他们的共同结合，丰富了大学生活。得益于大都市优势，首都北京以其悠久的历史积淀形成了历史古迹，建成了各种博物馆，增加了课外活动的文化体验。

硕士阶段，我把更多注意力转移到专业上，由于是跨专业学习，所以除了阅读文献，我希望真切地了解教育实际。所以我通过课程、课题等方式，或前往一线学校了解学校管理情况，或围绕课题内容展开实际问题的调研。这些活动都增加了我对教育教学实践的认识。

到了博士阶段，最大的变化是发现自己即使在所研究的学科领域也有很多"不知"和"未知"。于是，在一个个课题项目、书稿写作中，我通过文献和调研两大法宝，补足知识的不足。在有关教育理论的学习中，我发现有很多是高中时期便涉猎的，但涉猎不深，此时迁移到教育领域，深感熟悉。最为典型的便是马克思主义哲学、政治经济学等等，回想起来，这些知识点在高中时期是让我"头大"的存在，但当发现它们是教育学的理论来源时，意识到知识的宝贵性，不仅对学科有益，而且对世界观形成有益，后悔没有早点阅读马恩原著。

领悟学术真谛：研究漫漫，上下求索

如果说嘉高的恩师打开了一扇扇知识的天窗，展现知识的广阔，那么本硕博的学习则是在原先的基础之上不断将研究领域深化和凝聚。在一步步接近研究的过程中，会发现趋向真理的道路不容易。人文社会科学和自然科学有很大差异，教育学的研究与人密切相关，研究对象的成长、思维变化意味着教育实践和教育学术研究不能按照静态的思维去探索，我所做的教育管理、教育政策方向亦是如此。

找到真实的、可研究的问题是研究的首要任务，研究是发现问题、运用合适的方法解决问题的过程。研究始于问题，我们往往会对研究问题的合理性、价值和意义等问题进行多方面论证，以确保随后研究方向的正确。提出研究问题看似简单，但事实上却不容易。我的本科、硕士、博士学位论文，分别探究大学生资助政策执行偏差问题、义务教育阶段教师绩效工资政策在执行过程中的偏差问题、教育公平研究与教育公平政策的关系问题。三个研究问题的来源有很大差异，本科的选题在很大程度上依靠导师，到了硕士阶段则在确定领域后在导师指导下明晰问题和解决方法，而在博士阶段，研究方向确定以后，经历了在文献和实践中建立问题、推翻问题、再建立、再推翻的往复过程。在博士论文即将完成时，我终于体会到三个阶段的不同，这种差异与网上流传的"兔子理论"有所类似：

本科生学习捡"死"兔子。本科及以前所学知识都是别人已经发现并经过了反复验证的知识，是固定、稳定的，属于"死兔子"，此阶段的学习训练只是学会找到一条比较便捷的路径把已经死在那里的"兔子"捡回来。

硕士生学习打一只在视野中奔跑的活兔子。兔子的位置需要导师指给你，或者需要导师和学生一起来确定其位置。导师在"指兔子"的同时，还会告诉学生瞄准并射死兔子的本领。硕士生需要按照从导师处学来的方法和技术，去把这只尚在活动中的兔子打死，然后再通过以往已经具备的方法把兔子擒在手中。

博士生学习打一只看不到的活兔子。此时的兔子也是活的，但不在你的视野里跑着，而是在树林里跑——导师可以确认一定有这只兔子存在，需要你先从树林里发现这只兔子，判断是否值得去猎取，再用更高级的猎取技术去射击并沿用原有方法将兔子取在手中。

虽然结束学生生涯已有一段时间，但每每回忆起来，对于那些与导师的一次次交流、与学友的切磋琢磨、自己关于研究问题的日夜思考依旧记忆犹新。或许正是这反反复复的拷问，才使研究成为"研究"——开石为研、多次访穴为究。唯有如此，才能让研究的结果经得住考验，也让研究成为"以学术为志业者"的一种习惯。

实践出真知：持之以恒，柳暗花明

实践出真知，深入了解真实的教育实践才能发现真知。我所在领域研究问题的形成，需要将理论与教育实践相结合。回顾曾经的研究经历，时常会让我想到高中阶段的"研究萌芽"。

印象较深的是在嘉高期间，以研究性学习形式开展的一项"课题"，当时我们在指导老师带领下，对"流动人口子女"这一群体开展了调研，这项课题的调研过程和资料分析至今仍经常在我脑海当中浮现。本科时期，在我们的志愿服务活动、党支部活动中，都有涉及流动人口子女的教育，例如前往民工子弟学校做志愿者，在这一过程中，我实地了解到了大城市边缘学生的教育情形。在硕士阶段，借助导师关于流动人口子女教育的课题，我结合前期体验，从中选取一个角度开展研究。当我奔波在上海的郊区，看到不同学校的不同老师、学生的状态，我发出"同在一片蓝天下"的感慨，以此更加坚定地希望能够为这部分弱势群体发声。在随后的研究中，我一方面向校内外关注这一主题的老师探讨，交流具体问题；另一方面深入教育一线，了解学生的受教育需求，也拓展地了解这一群体背后他们父母的受教育问题。通过这一问题的接续调查，给我带来的两个较大影响：一是要不断了解研究对象，有调查才有发言权；二是要挖掘有意义的关键的问题，找出破解之道。在这一过程中，由于国家对流动人口子女的受教育政策也在不断发生变化，原先的问题需要结合实际政策不断更新。

受到这项研究经历的影响，当前我关注教育公平问题，旨在从完善政策的角度，促进更深刻的教育公平的实现。回顾各个阶段对教育公平问题的探索，我想，这也是研究的体现，也是实现研究意义的途径。

体验真实文化：兼容并包，兼收并蓄

从嘉高毕业以后，我曾先后在北京科技大学、华东师范大学学习，也曾在中国海洋大学、多伦多大学、莫纳什大学等高校进行短期交流访学。各个学校的校园文化各具特色，北科大的"钢铁文化""求实鼎新"熔铸坚定意志，华师大弘扬师道，"求实创造，为人师表"塑造师魂，一学期的海大学习吸收了"海纳百川"的些许特性。如果说国内高校的学习体验，带给我的是学校文化的变化，那么在国外的访学则让我真实领略到世界文化的多元。

在读书期间去国外访学，是博士学习之前早已定下的计划。在选择学校时，早期的"枫叶国"梦想，让多伦多大学成为我的首选，有幸在2019 年前往多伦多大学进行为期一年的学习，其间也曾前往澳大利亚莫纳什大学参加学术交流。在海外学习的经历，印象最深的是文化多元化中的融合，在多伦多大学，看到来自世界各地、不同肤色的人们共同学习生活，彼此包容，相互尊重。多伦多大学的课程学习与国内大学有些许差异，我旁听了几门研究生课程，在课堂上不同肤色的老师和学生围坐在一起，通过老师讲授、学生汇报、提问、师生互动、小组研讨等环节展开教学。可以看到，在互动环节，发言的学生普遍都非常自信地陈述自己的观点，遇到语言不甚流利的国际学生，同学及老师都很耐心地听其发言。学校的课外活动非常丰富，时常能看到运动场上的学生进行熟悉的或不熟悉的运动训练，学校各部门和学院在学期开始、节日来临时举行各类晚会……这里也印证了一句话：国外的大学没有围墙，学校和社区的边界不甚明显。每当节假日来临，可以见识到人口稀少的国度也会变得热闹，也体会到尽管文化多元但有同一的文化引导着来自世界各地的人们汇聚在一起。在海外的学习生活，赋予我不同的生活色彩，真实体验到曾经在书本上、电影里看过的文化。

经过十余年的离"嘉"求学，虽毕业已久，但其后求学过程中的许多点滴能让我回忆起在嘉高的学习生活。嘉高求"真"的文化，影响着我求真知、做真人，母校传递给我的为人处世态度，让我在漫漫学术之路中始终向着真理的方向切磋琢磨。

感恩母校作育英才，感谢恩师传授真知，祝愿母校廿五华诞再谱新章！

2022 年 1 月 1 日

人生的"真"

■ 顾凯旋

校友简介

顾凯旋，2007 年进入嘉兴高级中学学习，2010 年于嘉兴高级
中学毕业，2014 年宁波财经学院市场营销专业本科毕业，现
为嘉兴市永大消防配件有限公司总经理，嘉兴市"满满圆圆托
育机构"创办人；先后获得或担任嘉兴市南湖区凤桥镇"十佳
企业管理者"、凤桥镇新的阶层人士联谊会副会长、嘉兴市南

顾凯旋校友（右二领奖人）在年度表彰大会上受奖

湖区女企业家协会会员、嘉兴市南湖区党外知识分子联谊会
理事。

青春岁月，镌刻在每一个人的灵魂深处，留下我们无法忘却的
记忆。

2007 年的夏天，经过三年的初中学习，在中考成绩公布的那天，
看到各科分数的那一刻，回忆起过去的三年，既对自己的盲目自信充满
了悔意，又对能进入多少人向往的嘉兴高级中学感到安慰。录取通知书
寄来的那一天，我眼前似乎铺就一条开满鲜花的康庄大道。因为这是崭
新的开始，"后悔"留在曾经，"求真"用在将来。那年暑假太长了，我
迫不及待地整理好了我的行李，然后一遍一遍地在网站里搜索"嘉兴高
级中学"，那时候的网络还不那么发达，我所能查到的内容也非常有限，
但我永远也不会忘记网站里第一条热搜：嘉高的教育理念"嘉木扬长，
高德归真"。

开学那天，老校长徐新泉在开学典礼上鼓励我们："努力求真，勤
奋踏实，今天我以嘉高为荣，明天嘉高将以你为荣。""真"！在那个
17 岁的天真年纪的我想，"真"，真学习，做真人，我一定会勤奋务实
为之。近年来习近平主席常教育青年求真务实，"非学无以广才，非志
无以成学"。古人言："玉不琢，不成器；人不学，不知道。"范仲淹在
青少年时期勤学苦读获得了真学问大格局，以至于发出了"先天下之忧
而忧，后天下之乐而乐"的亘古名言。王阳明能成就不朽之功名，也得

益于他早年间苦学悟道追求知行合一。所以现在回想起来，我们高中的学习是"真"的，我们老师的教学是认真的。那时候我会和后座的同学因为对英语阅读理解的解法不同争论半天，直到午间休息结束铃声响起，才做个鬼脸把头转回去。体育课自由活动的时候找一个教学楼荫蔽角落，和同学们朝花夕拾、伤春悲秋，然后一起捡操场上绿植编成草环，恶作剧地套到别的同学头上。那时候最佩服的就是语文老师那一手板书，字迹遒劲有力，每每让我后悔小时候为什么没去学书法。我高中偏科，数学是我的薄弱科，朱贺荣老师常常会在课余时间给我讲解我的常错题。在嘉高老师们认真负责的教学下，最终我们班都以不错的成绩进入下一阶段的学习生涯。今天，我已到了三十而立的年纪，回忆那段日子，我脑海里仿佛像叠上了一层朝霞的光彩，这样的感觉，可能如今身在嘉高的学弟学妹还无法理解，回忆真的会有一种让人落泪的魔力。

海德格尔曾说："人应诗意地栖居在大地上。"而嘉高的一花一木慰藉了我大部分高考前的疲倦。3 年时间匆匆过去，高考结束时本以为我们会疯狂地扔卷子，大喊大叫地狂欢"我们解放了！"。但是当最后一门考试结束的时候，大家只是安安静静收拾好东西，简简单单地如往常一样挥手与同伴告别。不知是害怕离别，还是不懂离别，一切貌似都特别地自然。那时候的我们还不太懂，还不知道这段时光有多么珍贵，满心满眼都是家长们描绘的"考上大学就轻松了"。我憧憬着自己未来的人生，迫不及待地想要踏上新的旅程，这种憧憬冲淡了高三离别的伤感。我像一个短跑运动员，眼里只有终点线，在往前跑的路上，不曾回头看过。后来我考上了宁波财经学院，在那里度过了我四年的大学时光，叶落的时候，校园招聘会开始了，又到了说再见的时候。

我的专业是市场营销，我本梦想着成为一个运筹帷幄、决胜千里的世界百强企业的营销总监，但临近毕业的实习阶段，我竟出乎意料地选择了在体制内工作。6 个月，大学实习期转瞬即过，在取得学士学位证书的同时向原单位提交了辞职信。辞去工作后的我，给自己放了一个小小的假期，不紧不慢地进入了另外一份新工作——外贸单证员，身边的同学和朋友们曾问我，体制内不好吗？这么轻松为什么要辞职呢？为什么要去尝试做这么多的工作呢？

贾平凹曾言："人的一生，苦也罢，乐也罢，得也罢，失也罢——要紧的是心间的一泓清泉里不能没有月辉。"因为我想真真切切地活着，因为在我的世界中"真"是真心即初心，人在世要追寻着自己的初心。

这是我第一次感受到践行嘉高校训"真"有多难，因为每一个我们都不是独立的个体，一方面希望自己的决定可以受到大家的理解和支持；另一方面放弃和分岔路口的选择都需要足够的勇气。在世人的眼里，是用社会的标准来自我束缚，把自己与普适的成功标准对标；虽有不甘心，但是觉得那样就是成功了，于是捂住耳朵不听自己的心声，把真我深藏心底。但我不愿过一个只是世人眼中的"幸福"生活，我想拥有属于自己的能真实感受到的生活。

所以在一年后，我又辞去了已经熟悉并且得到领导赏识的岗位，来到嘉兴市永大消防配件有限公司出任总经理助理、总经理。虽然工作中曾遇到过烦恼、迷茫，以及与老一辈企业家意见的不一致，但我从心底里对老一辈企业家充满了感激，因为是老一辈企业家对我的培养与信任，让我快速成长。每一次遇到挫折与坎坷，我都跟自己说，就像体育老师曾经说过的那样，锻炼完第二天浑身酸痛，是因为身体在分泌乳酸，说明你的身体正在变强，是因为正在变强大，更想起自己心中所坚持的真心。就这样来到嘉兴市永大消防配件有限公司经过了 3 个年头，今天的嘉兴市永大消防配件有限公司已经是国家高新技术企业，嘉兴市规上企业，工业绩效 A 类企业……每一项属于嘉兴市永大消防配件有限公司的评价，都让我找到了自己"真"心的价值，我也获得了嘉兴市南湖区凤桥镇"十佳企业管理者"称号。

2020 年，突如其来的疫情，把整个社会正常生活搅乱，我被迫居家办公。一开始我很不习惯，但是看到我们全体人民在党和政府的领导下步步为营抗击疫情，每个人都奉献了自己的一份力量。隔离在家中苦中寻乐，我也决定要好好利用这段时间沉淀思考一下。在疫情得到初步控制时，嘉兴市永大消防配件有限公司作为第一批恢复生产的企业，每一天都担负着巨大的压力在前行，我审时度势，拼尽全力担当起企业主和为人母的职责。工人在恢复生产的那一天，生活基本不再是困难；可是孩子们呢，嘉兴无数个像"满满圆圆"一般的孩子，没有一个地方可以给他们悉心的陪伴与教养，没有一个地方可以使他们的父母安然放心的机构。

因此，2021 年，我创建了嘉兴市区的"满满圆圆托育机构"这个品牌，以自己两个孩子的乳名"满满圆圆"来命名这个品牌，是希望我所开设的每一个托育园，不忘"让每一个入园的孩子得到爱的陪伴，引导孩子养成良好的习惯，培养孩子自理、自立、积极活泼的性格"的初心。仅凭借一腔热血创立一个品牌的过程是艰难的，涉足这个全新的领域，我仅凭借家长角色，但其实对行业并不熟悉，创立过程是困难的。但我常跟自己说，允许你颓废一天，但是明天太阳升起的时候请你记得你为了什么而开创新事业。我的初心、我的真心都会在我失落郁闷时给予我坚定的信念。

制订并完成深入的市场调研后，我更加坚信自己新事业会有新景象。我从一个家长角色想成为一个操盘者，除数据支撑外，还需更多的现实例子做依据，所以连续几月，奔波调研在全省范围内小有名气的机构。在理论与现实的支持下，这个即将入夏的季节，终于真正开始了新的行业——0—3岁婴幼儿托育机构的筹建。做成一件事需要天时地利人和，多年的工作实践中，我深知自己的优缺点，我对大局有敏锐的节奏把控感，但易忽略细节，往往细节将决定胜负。因此我希望能够组建一支互相弥补优缺点的团队——"以人为镜，可以知得失"。每一位团队成员甚至是保洁员，都是我一一约谈，在秉持一致的教保理念下，寻找互补之处。我相信每一位组员的加入是因为看到了我对这个项目的热情、我对孩子的真心，憧憬着同我一道创造属于我们"满满圆圆托育机构"的未来。总之，一切都在慢慢地变得具体，我的心里也越来越踏实。所以我想，创业后的"真"是真诚，真者，精诚之至也，不精不诚，不能动人。我知道这又是一条漫长又艰难的道路，但是我会踏踏实实走好每一步，愿成为嘉高母校希冀的"德正才优，卓越发展"的人。一切我所经历的事情，都在潜移默化中，将过去的我雕刻成了今天的我，老校长教会了我要勇敢；语文老师告诉我一分耕耘一分收获；体育老师告诉我坚持，不要怕痛，那是正在变强。我不完美，但是我会带着勇敢、温暖、努力和坚持继续前行。未敢立下"为中华之崛起而读书"的鸿鹄之志，但望不忘"真"之校训初心。

　　在纪念母校即将二十五周年华诞之际，我感慨万千，离毕业已经过去很多年了，但我的脑海里还常常映出灯光里的教学楼。嘉高与我，就像是恩师与拙徒，过去我以嘉高为荣，希望未来嘉高能以我为荣，无论何时，嘉高母校总是我心灵的归处，特祝母校桃李芬芳、永铸辉煌，祝老师们工作顺利、健康如意，祝学弟学妹学业有成、前途光明！

2022 年 1 月 12 日

在色彩斑斓的图景中做一个
天真烂漫的媒体人

■ 沈钦韩

校友简介

沈钦韩，2009 年进入嘉兴高级中学学习，2012 年嘉兴高级中学毕业，2019 年华东师范大学硕士研究生毕业，现就职于上海报业集团的全国头部媒体《文汇报》，从事国际新闻的报道、采访和编辑工作。在工作期间参与了多次国际重大、突发、紧急新闻事件的报道，多篇深度文章被媒体科研机构转载，多篇新媒体稿件成为爆款。

沈钦韩校友（右）担任文汇报社 2020 年年会的主持人

掐指一算，从嘉高毕业已有十载。时光漫漫，却总觉得一闪而过来不及回想。如今虽已在上海定居，但思绪总能飘回至嘉高的那段青葱斑驳岁月。由于工作，回家次数寥寥，但每当我路过嘉兴市洪殷路341号时，总会自觉不自觉地望向嘉高校园内。庆幸的是，嘉高一如十年前，依旧未变——熟悉的建筑并未随岁月黯淡了色彩，琅琅的读书声不时从远处传来，静谧的校园一片岁月静好。

有时候便想静下心来，一一细数高中求学时光的点滴，当作一份回忆，也可存至时光记忆档案中。

从学生转变身份至职场人士，多的是对职场的探索以及对未来沉甸甸的思索，有时候压力不自觉相伴，而每每想到此，便愈加怀念学生时代的天真和烂漫。不过转念一想，学生时代对知识的无羁探索和品性的培养，才真正塑造了每一个走出校园的学子，其实无须惋惜过去的时光不再，因为那段岁月所铸就的性格和习惯早已沉淀内化为处世为人之道，并镌刻烙印在我们的血脉之中。

温润无声赋予我对文学的热爱

每个人对嘉高的体悟和感知是不尽相同的，嘉高于我是涓涓的流水，浸润无声，却以优雅、不急不躁的姿态塑造了我的职业生涯选择。犹记得刚进嘉高的时候，对文理分科并未有清晰的方向和认知，不知该如何选择的压迫焦虑感伴随着我。而教授语文的杨冬梅老师无疑在那个迷惘的时期给予我许多启发和影响，时至今日，她对我的影响依旧清晰可见，更为深层次的是，这也恰是嘉高文化氛围长期以来带给我浸润的体现。简而言之，就是对生活怀有热情，保持那份现实之外的理想主义情愫，在脚踏实地的同时不忘仰望星空。

杨冬梅老师的授课是与众不同的，她并不拘泥于教材内容的解读，很多时候会拓宽形式，例如花上大篇幅的时间探讨一篇与之相关的散文，或者偶尔让我们全班玩起"成语接龙"。其实杨老师的用意我理解，希望我们不断积累并培养语感。这种自然不刻板的模式，让当时的我惊呼，原来语文并不是一板一眼的背诵听写，它真正来自生活，而学习便需要一份自然轻松的姿态。

从初中开始，我便喜欢阅读余秋雨的散文，而学习的第一步便是模仿。说是欣赏余秋雨挥洒大气的文风也好，崇拜其学贯古今的文人姿态也罢，进入高中后我便有意无意在作文中引用《行者无疆》或者《文化苦旅》的佳句，并有意临摹余秋雨的写作风格。也不知从何时开始，杨冬梅老师便察觉出了我这份"模仿"的心思，并不断给予我鼓励，例如"你这次的文章好像有点余秋雨的影子"。高中学习本是枯燥的，但杨老师的鼓励和善意，如一阵春风，让我在学习之余有了更多积累和阅读的动力。

嘉高也正如一个文化大染缸，赋予年少的我不尽的学识和熏陶。那时的我在午饭后常喜欢花上几分钟时间跑到校园图书馆，在里面驻足一番，挑选几本心爱的小说或者散文，然后心满意足地回到教室。那段时光是充实的，萧红、林徽因、鲁迅、迟子建……这些文学大家的著作陪伴了我的整个高中。正是在潜移默化的文化熏陶中，我慢慢坚定了学习文科的决心，因为我明白，文科将是我一生的伙伴，我的求学以及未来的工作或许都将与之有关。而在学习文科的过程中，我一定是满足而幸福的。

嘉高无疑是节奏快和严谨的，这锤炼了大多数在此求学的人的勤奋踏实的品性。而嘉高的温润以及对学生全方位的培养，又让我在严肃理性之外寻找到了一丝感性和理想情怀。这份感性或许是天真的，却在之后的时光中实实在在塑造了我。

生活便是理想主义的集合

大学毕业后，我面临着继续深造和投入社会怀抱工作的艰难选择，同文理分科一样，这又是一次决定未来人生命运的艰难选项。这一次，我再次听从内心的安排，用一份略带感性和天真的姿态选择了继续读研，并且选择了国际关系专业。选择国际关系与长期以来对时政的关注以及热爱写作有关，也与自己的职业生涯规划有关——希望有朝一日可以成为一名国际新闻记者。

于是，从 2016 年入读华东师范大学研究生开始，我便开始给自己的职业生涯统筹布局。先是在欧洲交换生期间去当地的媒体行业实习，回国后又抓紧时间在浙江广播电视集团的钱江频道从事民生新闻的报道，并在毕业后顺理成章地进入了全国头部的媒体单位文汇报社。

或许每一个从事新闻行业的人，内心都怀有一份理想主义情结，希望将客观的事实通过实证的方式呈现出来，并想去做那个敢于发声的人。这无疑是嘉高的"求真"精神所带给我的，更重要的是，嘉高让我明白，大胆地选择自己所热爱的事物便是了，无须在意后果和产出，并尽可能地保持这份"赤子之心"。在当今这个追名逐利的社会，怀揣着理想做一个"天真"的人，不见得是一件坏事。

从事新闻报道的专业素养和能力无疑也是在嘉高学习期间生根发芽的。正如之前所言，在高中阶段我对文科的喜爱进一步得到认可，我也怀着十足的热情和动力投身文科的学习。如今回想高中三年，似乎并没有常人所渲染的学习压力大之类的感受，纵使有成绩和排名的压力，但是在选对了专业的前提下，所有的付出似乎都是心甘情愿的。

媒体工作需要一份"求真"

可以说，高中阶段所沉淀和积累的学识对我的实习和工作大有裨益。嘉高"求真""务实""勤奋"的氛围更是对我开展工作提供了很大帮助，也使我能够适应紧张忙碌的工作状态。在研究生阶段，我曾在钱江频道实习一段时间。初入电视台，有诸多不适应的地方，叙事语言的转变是最直观的体现——我需要从复杂的学术语言环境转向通俗易懂的电视语言环境。报道的节奏也异常快速，不是在前往报道现场的路上，便是在剪片室的电脑前，忙碌的"996"工作状态确实使我感到劳累，但也收获了满满的成就感。

华东师范大学研究生毕业之后，我便来到《文汇报》从事国际新闻的报道。媒体行业既需要拥有扎实的笔杆子，也需要寻找独特的报道视角。而国际新闻与电视台的民生新闻又略有不同，除了将事实呈现外，更需要从逻辑出发，分析背后的成因以及未来的趋势走向，还需要大量的举证。

记得日前做了一篇有关阿富汗前总统身在何处的爆款报道，当时国内媒体大多聚焦于阿富汗国内局势，但对前总统以及其家人在逃亡后的动向并未过多关注。在捕捉到这一新闻点后，我迅速展开资料的收集，并整理出了一条时间线，清晰直观地将阿富汗前总统近期的时间线呈现出来，并且分析了其家人目前可能的所在之处。由于是全网首发加独家，阅读点击量迅速飙升。

在平日的报道中，采访专家、学者是必做的功课。而提炼出一份言简意赅又有深度的采访提纲，则需要日常的积累思索和对专业的把握。每次遇到挑战，我便会想到高中文综答题时的思路——厘清思路和条线，按照"是什么""为什么""怎么办"的逻辑框架进行整理。

"德正才优，卓越发展"是嘉高的育人目标，即才能和品德均非常重要。才能和品德其实也是相辅相成的，优秀的媒体人既需要敏锐的新闻意识和扎实的写作功底，也需要有过硬的职业素养和较高的觉悟。如今，舆论世界充斥大量不实报道，而做出事实导向优先的新闻报道，则是每一个新闻从业者的底线。

在东京奥运会报道期间，我给自己设立的目标是，一定要做出严格准确的报道，因为文字内容是永恒的载体，且一经发表便永远留存于网络世界，无法消抹。所以，产出一篇质量上乘的稿件，是对自己工作的尊重，也是对舆论传播的负责。为此，每次报道一项赛事，我都会提前一天在奥运会官网查阅大量资料，归纳选手基本信息和赛事基本规则，力求准确和专业。以上种种，无不都是嘉高对我潜移默化影响的体现。

仰望星空，脚踏实地

从高中求学再到步入职场，嘉高带给我的影响是一脉相承的，那份"仰望星空的烂漫和脚踏实地的执着"在这十年中无时无刻不塑造着我。如今，"青春"这个词似乎有些陌生和疏远，岁月的年轮终将滚滚向前，我也终将不断往前行进。但是当我有时候停下来驻足回望身后，便会看到，高中三年恰似一幅色彩斑斓的油画，承载着我们的点点滴滴，那些印记永远都不会消退，并将在今后的岁月中成为宝贵的财富。

嘉高，我心中的母校！

2022 年 1 月 20 日

母校，给了我一个成长的舞台

■ 章诗怡

校友简介

章诗怡，2010 年进入嘉兴高级中学学习，2013 年于嘉兴高级中学毕业，同年考入上海音乐学院学习，2017 年于上海音乐学院本科毕业，并以专业第一的成绩考入上海音乐学院硕士研究生，2020 年上海音乐学院硕士研究生毕业，获评 2020 届上海市优秀毕业生，现任职于上海立信会计金融学院。师从著名笛子演奏家蒋国基先生，著名笛子演奏家、上海音乐学院教授詹永明先生，著名作曲家、上海音乐学院教授朱晓谷先生，先后创作了多首笛乐作品，多次参加各类重要艺术节、音乐节及重大演出活动，在国内外重大赛事中获得金奖，举办个人独奏音乐会 4 场，出版个人专辑《烟雨江南》。

我从小喜欢竹笛，记得小时候我参加过许多课外兴趣班的学习，有书法、围棋、乒乓球、舞蹈、竹笛……但竹笛始终是我的最爱。所以尽

章诗怡校友在上海贺绿汀音乐厅举办个人笛子独奏音乐会

管后来因学习忙起来了，这些兴趣课都逐一被停止了，但竹笛始终伴随着我。2010 年，怀揣着音乐的梦想，我跨进了嘉高，尽管那时的我，已学习竹笛满 10 年，在竹笛方面也已小有成绩，获得了多项全国性的比赛金奖，但面对巨大的学习压力，跨入学校的那一刻我还是显得有些战战兢兢。我不知道繁忙的学习，还能让我的笛子练习坚持多久，不知道我是否可以请假离开学校在练习音乐和文化课学习之间奔波，老师是否会反对我学习音乐。

所有的忐忑和不安，在我参加开学典礼的那一天便全部释然。"我们今年不光有成绩拔尖的优秀学生，还有音乐特长生、体育特长生一同入学……我相信，所有同学的努力、老师的付出，一定会在三年后有惊喜的收获……"一场隆重的开学典礼，徐新泉老校长的致辞，体现着母校坚守"嘉木扬长"的教育思想，对我们各类特长生充满了期待，解答了我心中的那些疑问，从此一直激励着我，影响着我……

记得走进教室的第一天，我便在桌子的中央用铅笔写下了大大的英文字母"shyyxy"，这是上海音乐学院的拼音缩写，那是我的音乐梦想，在嘉高的这一刻，已开始生根发芽，孕育生长。如今敲打键盘，母校生活的一幕幕不停涌入脑海，竟有一种千头万绪无从下笔的感觉……

因为要同时学习文化课和音乐，高一伊始，我便几乎每周末都赶往上海学习音乐，落下功课是难免的，有时甚至无法兼顾，感觉迷茫，但老师的关怀和同学的鼓励每每又让我信心倍增。记得高二的下学期开始，因为要进行系统性的音乐学习，我不得不长期住在上海，只能每个月不定期地回到嘉高拿上我的作业与试卷，再乘动车赶往上海。虽然教室中我的座位一直空着，但是属于我的试卷、我的作业，从来都不会少，每门课的老师都会为我保存好，整整齐齐地放在我的课桌上。我人虽在上海，但老师们对我的关心无处不在。记得有一次，我过了几周回到学校，看到我的课桌上有一本语文练习册，翻开练习册，里面夹着一张字条，那是教我们语文的单小芳老师留下的，字条上写道："章诗怡，这是你要完成的作业，有不会的你及时问我。"简简单单的一行字，我却在一刹那湿了眼眶。我知道每一位老师要教这么多的学生，每一份作业的批改、每一次疑难问题的解答，老师们都要牺牲自己的休息时间，这夹在我课本中的短短一行字，让我的心中涌起了一股暖流。

袁金泉老师是我的班主任，也是我们的英语老师。从入学起，袁老师就不断地鼓励我，叫我一定要努力考上音乐学院，有什么困难一定要跟他说。临近高考，我们要举行第一次英语听力考试，我记得那时候袁金泉老师每天都会在固定时间为大家进行听力的训练，当然袁老师也会把我的那一份磁带与练习册整理好交给我，叮嘱我一定要在上海的时候多练习。第一次听力考试的成绩下来了，我考了满分。袁老师走进了教室，"拐着弯儿"幽默地宣布了我考满分的消息，并且让大家为我鼓了掌，这也让当时正在同时备考音乐和文化的我心中充满了感动、斗志和信心。袁金泉老师为了鼓励和支持我，特地把我的座位安排在了讲台正前方的过道中，所以其他同学在每周轮换座位的时候，我永远在中间的位置，这也为我在高中这些年的学习，集中精神、认真听讲提供了很大的帮助。

当时的高考还是文理分科，我选择的是文科，但是理科的科目也是要通过会考的。那时我的生物课成绩一直不太稳定，于是我的生物学科王莲老师特地在各个自习时间中为我补课，一个一个知识点为我重复，我题目一做对，她的脸上马上就会挂满笑容，一有错题……我深知那是在为我担忧和着急。

在高二的这年，在嘉兴市秀洲区委宣传部、嘉兴市秀洲区教文体局和嘉兴高级中学徐新泉老校长等领导的支持和帮助下，我在嘉兴市秀洲区大礼堂成功举办了第一场个人笛子独奏音乐会，那是我终生难忘的记忆。那时，我和我的竹笛专业老师商量，想要举办一场个人笛子独奏音乐会，这既是在我学笛后的一次汇报演出，也是锻炼自己的最好舞台，我的导师詹永明教授非常地赞成。于是我的父母便和学校领导汇报、商量，当时徐新泉老校长非常支持，认为这是促进学生全面发展和展示艺术特长的很好举措，并亲自向嘉兴市秀洲区教文体局、嘉兴市秀洲区委宣传部领导汇报，之后又会同嘉兴市秀洲区教文体局为这场音乐会精心组织和操办。作为一名普通的高中学生，能得到学校如此的关心支持，这不仅给了我极高的展示平台，还给了我巨大的勇气和信心，为我在高中时期留下了一场难忘的音乐盛会和一生中最美好、最珍贵的回忆。

嘉高给我的支持就像是亲人一般，细致而又全面，如春风细雨的点滴沐浴，又像此起彼伏的海浪，推着我不断前行。通过努力，我的专业成绩顺利通过了上海音乐学院的录取线，等待的是文化统考的考验。艺考结束回到嘉高，老师们又一次向我伸出温暖之手，徐新泉老校长专门为我的文化成绩又召开了任课老师研讨会议，分解任务落实措施，安排了"护苗"行动。只要碰到不懂的问题，老师们都会第一时间为我悉心指导，全力支持和帮助我，最终我以远远超过录取分数线的高考成绩如愿考上了上海音乐学院。至今回想起这一切是那么地亲切和温暖，感谢嘉高，感恩老师！

"爱校奉献、务实责任、科学创新、追求卓越"，那正是所有母校老师展现的嘉高精神。嘉高老师们对我的教育培养为我打下了深厚的文化基础，嘉高老师们对我的关爱帮助，更让我学会了努力、自信和感恩！在2013—2020年的本、硕学习时光中，每每遇到困难，我都会回想起高中拼搏的时光，老师们给予我的教诲与关怀时刻激励着我……

上海音乐学院是一所专业性很强的学院，也同样要进行专业文化课的学习。嘉高的老师们常常讲的一句"名言"："现在我们老师全力照顾每一位同学每一门课的学习，等到了大学主要是靠同学自己的自立和自觉。"这句话在我读大学后的公共课中深有体会。到了大学，很多的课都有不同音乐专业的学生一起学习，下了课，没有人会叮嘱你每天必须写作业，没有人会在早晨陪伴你晨跑，没有人陪你到晚自习为你解答疑难，也没有人会走到你的身边拍拍肩膀叫醒走神的你，问一句"学会了吗"……所有的功课都要靠自觉，上课认真听讲、下课自觉练习，才会取得好成绩，真正学到并提升自身专业技能。我在本、硕学习期间，每学年均获得学业奖学金，除了自己认真学习以外，更要感谢嘉高教会我勤奋多思的学习习惯和刻苦自觉的精神。

2021 年是我嘉高毕业的第八年，如今我的身份已经从一名学生转换为一名教师，我更加深刻地感受到了教学的意义、作为老师的辛苦和教学生活中收获的快乐，也更能体会当初在校时，每位老师在教学中的"独门秘籍"和炽热的育人之心，是每一位老师对我们无限的包容和无微不至的关爱成就了现在的我们。

嘉高桃李满天下，感谢以"德正才优，追求卓越"作为育人目标的嘉兴高级中学，培养了一批又一批的求"真"学子。2019 年，在嘉高学长和学姐的带领下，我们成立了嘉高上海校友会；2020 年 1 月，上海校友会第一届理事会成立，在联谊会上，我见到了久违的徐新泉老校长和现任的各位校领导与老师，还有众多在沪的嘉高校友到场。这次联谊会如同回家一般，热闹、温馨、亲切……

一批批学子迎来送往，也许母校早已习惯了这种悲欢离合，但我们学子却永远惦记母校；也许没有波澜壮阔的场面，却有刻骨铭心的回忆。那里有学子展翅高飞的豪情，有父母、老师关怀备至的温情，还有同窗嬉戏打闹的友情。无论在何时、在何地，母校永远是我们最美好的记忆！时间推着我们前行，而母校给我们的知识和力量，也使我们受益终身，在嘉高度过的美好时光将成为我们彼此一生最宝贵的财富。

今年，嘉高母校即将迎来建校二十五周年华诞，我衷心地祝愿我的恩师们身体健康，工作顺利！祝愿我的学弟学妹们学业优秀！祝愿我的母校朝气蓬勃，再创辉煌！

附录：我的主要艺术活动和获奖经历

2006年"听雨杯"海内外中国竹笛演奏邀请赛获少年乙组金奖

2007年首届"松庭杯"中国竹笛邀请赛少年组银奖

2008年"春天杯"浙江省民乐大赛一等奖

2009年由浙江电视台选送参加"2009CCTV民族器乐电视大赛"，获得优异成绩

2012年于嘉兴市秀洲大会堂举办个人笛子独奏音乐会，并录制CD、DVD

2013年中国香港国际竹笛邀请赛青年专业组金奖

2013年参加"中国随想"詹永明教授竹笛师生音乐会暨教学成果展演，担任笛子独奏《绿洲》获得好评，并录制CD、DVD

2014年"松庭杯"第二届中国竹笛邀请赛青年专业组金奖。

2014年参加"太湖情韵"詹永明师生竹笛名曲示范音乐会，笛子独奏《流浪者之歌》，并录制DVD

2015年第三届中国香港国际民族器乐大赛成人专业组金奖（第

一名）

2015 年参加"江南笛韵梦长安"上海音乐学院与西安音乐学院竹笛专业优秀学生交流音乐会，演奏笛子协奏曲《兰花花》，并录制 DVD

2016 年赴中国香港参加"2016 香港中国管乐节"系列活动，担任"气象万千——管乐名家与新生代闭幕音乐会"笛子独奏，在港首演作曲家王建民教授创作的笛子协奏曲《中国随想——NO.1 东方印象》，获得好评，并录制 CD、DVD

2016 年获得上海音乐学院优秀学生《音才助飞》计划项目，举办《烟雨江南》——章诗怡笛子独奏音乐会，录制并出版 CD、DVD

2017 年赴湖南参加"春到湘江"著名竹笛大师詹永明独奏交响音乐会，演奏《流浪者之歌》，录制并出版 CD、DVD

2017 年西湖国际青少年音乐节器乐比赛高等院校组专业组金奖

2017 年第一届新加坡南洋国际音乐大赛专业青年组（笛子）第二名

2017 年参加"管声乐韵风雅颂"民族管乐团队独奏、重奏音乐会，首演新版《烟雨江南》，并录制 CD、DVD

2017 年赴江苏参加"笛韵江南"迎新年竹笛专场音乐会，担任独奏，并录制 CD、DVD

2018 年于上海音乐厅音乐午茶上演奏民族管乐——笛笙箫专场音乐会

2018 年参加《幽兰英华》詹永明教授与竹笛新生代演奏家原创作品音乐会，担任独奏，录制并出版 CD、DVD

2018 年第三届"松庭杯"全国竹笛邀请赛金奖。

2018 年西湖国际青少年音乐节器乐比赛高等院校组专业组金奖

2018 年于王昆大剧院参演"但愿人长久"中国唐宋名篇音乐朗诵会，担任竹笛演奏

2018 年赴香港大会堂剧院参加《乐叙香江》詹永明教授与上海音乐学院竹笛新生代演奏家音乐会，担任独奏，并录制 CD、DVD

2018 年参演高等音乐艺术院校第十一届民乐管乐作品大赛，演奏作品《苍际》并获第二名

2018 年于上海交响音乐厅参演"幽谷清风"周成龙经典笛乐作品暨詹永明师生音乐会，担任独奏《菩提树》及重奏，录制并出版 CD、DVD

2018 年于上海音乐厅音乐午茶举办个人独奏音乐会

2019 年 CCTV 中国器乐电视大赛，参加上海音乐学院弘音组合，获复赛第三名，决赛第十名

2022 年 1 月 10 日

后 记

思杏坛植林，嘉禾英才齐聚；望红船放歌，南湖群贤雅至。时光荏苒，嘉兴高级中学在岁月的长河中即将走过二十五年，韶华英发，在满目深秋的收获季节喜迎廿五华诞。廿五芳华，青春正茂，是人生最美好的时光；同样，嘉兴高级中学也正是青春逼人、朝气蓬勃。二十五载，阳光风雨相交织，激情与理智共交融，嘉高人谱写了一曲与时代同呼吸、以求"真"为基调，以"嘉木扬长、高德归真"为主线的华丽乐章。

盛世办学校，贤达重教育。1997 年 8 月，嘉兴高级中学诞生于中国教育变革发展的世纪之交，肩负起培养新世纪人才的历史重任。2000 年，嘉兴高级中学被评定为浙江省三级重点高中，2003 年被评定为浙江省二级重点高中，2006 年被评定为浙江省一级重点高中，开启了嘉兴高级中学高品位高质量办学的新征程。

国家富强繁荣，始端基础教育。嘉兴高级中学努力弘扬红船精神，传承中华文化基因。二十五载春华秋实，不忘初心；二十五年筚路蓝缕，砥砺前行。嘉高人秉承"真"的校训，大力实践"嘉木扬长、高德归真"的教育理念，锐意改革，开拓进取，努力建成省内知名、市内一流、多元优质的高级中学，形成了嘉高教育的"四张名片"：教学质量持续优异，高考成绩一直位列嘉兴市本级第二、嘉兴市前茅，北京大学等"985""211""双一流"著名高校都有嘉高学子的身影；人文教育大放异彩，坚持求真，人文见长，立德树人，德智体美劳全面发展，大力弘扬求真校园文化；创新教育硕果累累，学生研究性学习成果连续十多年荣获浙江省一等奖，学生社团在省、全国竞赛中频频获得大奖，四十余项学生科研成果获得国家新型实用专利或国家发明专利；国际教育走在前列，在21世纪初开展校际国际交流的基础上，开办了嘉高中德DSD班、嘉高中加班，嘉高学子走进世界百强名校，被评为"嘉兴市教育国际化示范学校"。嘉高，正以自己的努力，逐步形成"人文科学并举、中西教育兼容、自主创新成长、多元优质发展"的学校特色，提升学生的核心素养，培育新时代的优秀人才。

汤之《盘铭》曰："苟日新，日日新，又日新。"二十五年来，嘉高蕴藉真诚之心、挚爱之情，齐心协力，助推学子成为国家之材、社会之梁、创业之星，至今博士奔百，硕士千计，学士万余，留学三百。嘉高学子求真笃行，以勤为径，厉行抱朴归真，肩扛责任，开创辉煌：有博士也有教授，有科学家也有高级工程师，有公务员也有商业精英，有人民警察也有法律工作者，有人类灵魂工程师也有医术高超的白衣天使，有白领高管也有企业老总，有卓有成效的创业者更有各行各业的能工巧匠，为我们的社会贡献着青春、智慧和财富！

韶华廿五载，满载真与爱。今日之嘉禾大地，红船领航，蓝天碧云，气象万千；观乎校内，树木葱郁，绿地如茵，四季花开，荣誉窗、博士廊、名师墙，主题雕塑、校训原石，生机盎然。值此嘉高二十五年华诞之际，校友们抑或奋斗砥砺，抑或开拓创新，抑或初心永驻，抑或赤诚奉献的"责任风采"汇集成书：呈现嘉高桃李芳华之果实，昭示祝愿母校更美好之心愿！

廿五韶华，最忆嘉高，故以《思索与追求——在嘉高的岁月里》《求真与笃行——嘉高的博士校友们》《责任与风采——廿五韶华　最忆嘉高》记之！

嘉兴高级中学党总支副书记 副校长　鲁建飞

2022 年 1 月 8 日